상업용
부동산의
신대륙

셀프스토리지

상업용 부동산의 신대륙
셀프스토리지

1판 1쇄 펴낸날 2025년 9월 26일

지은이 남성훈
펴낸이 나성원
펴낸곳 나비의활주로

책임편집 김정웅
디자인 BIG WAVE

전화 070-7643-7272
팩스 02-6499-0595
전자우편 butterflyrun@naver.com
출판등록 제2010-000138호
상표등록 제40-1362154호
ISBN 979-11-93110-77-5 03320

※ 이 책은 저작권법에 따라 보호받는 저작물이므로 무단 전제와 무단 복제를 금지하며,
  이 책의 내용을 전부 또는 일부를 이용하려면 반드시 저작권자와 도서출판 나비의활주로의
  서면 동의를 받아야 합니다.
※ 책값은 뒤표지에 있습니다.
※ 잘못된 책은 구입하신 곳에서 바꾸어드립니다.

남성훈 지음

나비의 활주로

PROLOGUE

왜 지금, 셀프스토리지인가?

오늘날 사람들은 점점 더 좁은 공간에서 살아간다. 문명의 편의가 밀집된 도시의 삶은 분명 과거보다 편리해졌지만, 화려한 도심의 조명 아래에서 사람들은 더 작은 공간에 적응하며 살아가는 방법을 배우고 있다. 특히 서울, 도쿄, 홍콩과 같은 동아시아의 대도시들은 공간의 압축 밀도가 가장 높은 곳이다. 2024년 서울의 1인당 평균 주거 면적은 28.3㎡로 전국 최하위를 기록했다. 전국 평균 31.9㎡에 크게 못 미치는 수준이다.

그 중심에는 부동산 가격 상승과 높은 주거비용 부담이 있다. 서울에서 내 집을 장만하려면 14년간 월급을 한 푼도 쓰지 않고 모아야 한다. 내 집 마련의 꿈은 갈수록 멀어지는데 임대차 시장이 월세 위주로 전환되면서 주거비 부담은 더 커졌다. 일자리가 몰려 있는 수도권은 소득에서 임대료가 차지하는 비중RIR, Rent Income Ratio이 갈수록 높아지고 있다. 국토교통부가 지난해 12월 발표한 '2023년 주거실태조사'에 따르면 수도권 평균 RIR은 2020년 23.7%에서 2023년 26.3%로 높아졌다. 수도권 임차 가구는 월급의 4분의 1 이상을 임대료로 쓰고 있다는 의미다. 사정이 이렇다 보니 사회초년생이 대부분인 청년 100명 중 6명 정도는 최저주거기준에도 미치지 못하는 열악한 환경에서 거주 중이다. 이렇듯 부동산 가격과 주거비 상승은 도시에서의 삶을 사치로 만들었다.

그렇다고 해서 사람들의 욕망이 줄어든 건 아니다. 삶은 예전보다 더 다채로워졌고, 공간은 잡동사니로 넘쳐난다. 계절마다 바뀌는 옷과 캠핑용품, 반려동물용품, 매일 문 앞에 배달되는 택배 상자까지. 도시민들은 자신이 가진 공간만으론 삶을 온전히 담아내기 어렵다는 문제에 직면했다.

삶의 면적이 줄어드는 압박 속에서 사람들은 넓은 집으로 이사를 고민하는 대신 '외부 공간'을 빌려 쓰는 방법을 찾기 시작했다. 공간을 '임시 확장'할 수 있는 가장 유력한 수단으로 등장한 것이 바로 공유보관 창고 서비스인 셀프스토리지다.

셀프스토리지는 국내에서는 다소 생소하지만 해외에서는 이미 널리 상용화된 서비스다. 미국, 유럽뿐 아니라 일본, 싱가포르와 같은 아시아 국가에서는 이미 편의점과 같은 생활밀착형 시설로 자리 잡았다. 미국 전역에서 영업 중인 셀프스토리지 시설 수는 5만2,000여 개로 추정되며 스타벅스, 맥도날드, 던킨 등 미국 5대 식음료 프랜차이즈 시설을 합한 수와 거의 같다. 가까운 일본도 셀프스토리지 시설 수가 패밀리레스토랑 시설 수를 앞지른 지 오래며, 이제는 편의점을 위협하는 수준으로 성장하고 있다.

이들 나라에 비하면 한국 셀프스토리지 시장은 아직 걸음마 단계다. 도시화와 고령화, 1인 가구 증가 등 비슷한 상황에 놓인 일본보다 한국은 1인당 주거 면적이 더 좁다. 그런데도 셀프스토리지 시장 규모는 일본의 9분의 1에 불과하다. 다른 시각에서 보면 그만큼 한국 셀프스토리지 시장의 잠재력이 풍부하다고 할 수 있다.

공간을 파는 방식이 바뀌고 있다

그런데 우리 주변에 셀프스토리지가 들어선 곳들을 눈여겨보면 흥미로운 사실을 발견하게 된다. 임차인을 찾는 광고로 온통 도배된 도심의 빈 상가건물, 사람의 발걸음이 뜸해진 골목길에 버려진 듯 서있는 낡은 건물, 리모델링된 지하 공간이 상당수를 차지한다. 이들의 공통점은 하나다. '공실'이다. 장기간 임대가 이뤄지지 않던 곳, 더 이상 기존 업종으로는 수익을 기대하기 어려운 곳, 셀프스토리지는 바로 그 틈새로 들어갔다.

지금 한국의 상업용 부동산 시장은 공실 문제로 휘청이고 있다. '공실 폭탄', '공실 지옥'이라 불리는 참혹한 상황 속에서 임대인과 건물주의 고통은 날이 갈수록 심해지고 있다. 그 한편에서 준공된 지 수십 년 된 노후 상가는 임대 수요가 거의 사라져 사실상 수익률 제로의 사각지대로 전락한 상태다.

현재 시점에서 셀프스토리지는 공실 문제를 해결할 거의 유일한 대안이다. 셀프스토리지는 상가나 오피스처럼 높은 유동 인구나 접근성이 필수 조건이 아니다. 입지에 구애받지 않는 덕분에 임대료가 낮은 2층, 3층, 혹은 지하층도 얼마든지 수익 공간으로 탈바꿈할 수 있다. 또한 '셀프'라는 서비스의 속성상 고객이 앱으로 예약한 후 직접 방문해 물건을 맡기고 찾아가는 구조이기 때문에 완전한 무인 운영이 가능하다. 인건비 부담 없이 높은 수익률을 누릴 수 있다는 의미다.

불행하게도 공실 문제의 앞날은 그다지 낙관적이지 않다. 상업용 부동산 시장이 공급 과잉 상태인데도 서울을 비롯한 수도권은 물론이고 지방 중소도시에서는 여전히 지식산업센터와 대규모 상가건물이 올라가고 있다. 상가를 보유한 개인 투자자, 자산운용사, 시행사 모두 '이 공간을 어떻게 써야 할지'에 대한 해답을 찾지 못하는 상황이다.

이 복잡한 문제들을 하나로 연결하면 결국 떠오르는 키워드가 하나 있다. 바로 셀프스토리지다. 주거 공간은 좁아지고, 공실은 늘어나며, 현대인의 라이프스타일은 점점 더 많은 물건과 유연한 공간을 요구한다. 셀프스토리지는 '창고'라고 부르기에 부족할 만큼 다층적인 역할을 하고 있다. 단지 창고 산업의 진화가 아니라 도시가 살아남는 하나의 방법이 됐다. 투자자에게는 유망한 수익형 부동산 투자처로서, 임대인에게는 안정적인 수익원으로서, 사용자에게는 공간 스트레스를 줄이는 일상의 인프라로서 작동한다. 셀프스토리지는 도시 구조의 압력을 완충하는 완전히 새로운 해결 방식이다.

나아가 셀프스토리지는 도시 재생의 훌륭한 처방전이기도 하다. 오랫동안 비워진 상가, 쓸모를 잃은 지하 공간, 찾는 사람이 없는 노후 건물은 도시에 짙은 그늘을 드리운다. 이들이 다시 쓰이기 시작할 때 비로소 도시는 활기를 되찾을 수 있다. 그런 의미에서 셀프스토리지는 낡은 자산을 다시 작동하게 만드는 최소 단위의 도시 재생 수단이 될 수 있다. 도로를 뜯고 마스터플랜을 짜는 대규모 개발이 아니라 작고 **빠르게**, 하지만 확실하게 도시의 쓰임을 회복하는 도구가 될 수 있다.

이미 미국, 일본, 싱가포르 등에서 셀프스토리지 비즈니스에 투자해 성공을 맛본 해외 투자자들이 미개척 시장인 한국 셀프스토리지 시장에 주목하기 시작했다. 글로벌 유력 자산운용사들은 저평가된 도시공간의 활용성과 수익형 부동산으로서의 안정성을 동시에 갖춘 이 분야를 뉴 이코노미 자산군으로 간주하며 접근 중이다. 이를 증명하듯 극심한 침체에 시달리고 있는 상업용 부동산 시장에서 셀프스토리지는 나 홀로 조용히 성장 중이다.

이 책은 셀프스토리지를 공간과 자산, 기술과 문화가 교차하는 지점에서 새롭게 해석하고자 한다. 단지 짐을 맡기는 공간이 아니라 쓸모를 재구성하고 삶의 여백을 만드는 시스템, 미래의 유망한 비즈니스 모델이자 부동산 투자처로서 셀프스토리지라는 신대륙을 탐험하고자 한다.

변화의 조짐은 분명하다. 우리는 지금, 셀프스토리지라는 새로운 수익 모델을 실험하는 중요한 문턱에 서 있다.

2025. 9
남성훈

CONTENTS

004   PROLOGUE 왜 지금, 셀프스토리지인가?

CHAPTER 1 진화하는 창고

014   보관을 넘어 생활 인프라로
019   비즈니스가 된 창고, 셀프스토리지
025   보관의 현대적 해석
030   삶을 저장하는 새로운 방식
036   글로벌 시장에서 검증 끝낸 뉴 이코노미
044   깨어나는 한국 시장

CHAPTER 2 상업용 부동산 新트렌드

054   달라진 공간의 가치와 역할
064   부동산 '순수의 시대'의 종말
070   품질과 서비스로 승부하는 시대
076   공실공화국의 그늘
084   공실 문제를 해결할 구원투수의 등장
091   일본에서 목격한 한국의 미래

CHAPTER 3 한국 시장의 기회와 과제

- 104 셀프스토리지 개척자들의 도전과 실험
- 113 지하창고에서 시작된 아이엠박스의 꿈
- 122 공간 비즈니스의 새로운 공식을 쓰다
- 130 급변하는 한국 셀프스토리지 시장의 지형도
- 140 해소되는 규제 이슈

Tech column 기술과 만난 비즈니스 인텔리전스
: 미래 스마트 셀프스토리지가 있는 풍경

CHAPTER 4 셀프스토리지와 자산의 미래

- 166 창고에서 미래 자산으로
- 172 대형화하는 미국 셀프스토리지 리츠
- 181 새로운 투자처로 떠오른 아시아
- 188 아시아 셀프스토리지의 선진 실험실들: 일본, 홍콩, 싱가포르
- 204 국민연금의 투자가 한국 시장에 불러올 파급 효과
- 213 도시 재생과 역세권 활성화 사업
- 224 침묵의 시장에 다가오는 자본

- 232 **EPILOGUE** 새로운 기회와 성장 궤도의 앞에서
- 236 참고문헌

SELF SERVICE STORAGE

우리는 어쩔 수 없이 '물건'들을
영혼 없는 창고 속에 가둔다.
보관이라는 행위는 늘 뒷전으로 밀린다.
형광등 불빛만 가득한,
사방에 우후죽순 들어선 창고 건물들에
그 일을 외주 주는 식이다.
- 파이낸셜타임즈, 2023년 7월 24일자

CHAPTER 1

진화하는 창고

1. 보관을 넘어 생활 인프라로
2. 비즈니스가 된 창고, 셀프스토리지
3. 보관의 현대적 해석
4. 삶을 저장하는 새로운 방식
5. 글로벌 시장에서 검증 끝낸 뉴 이코노미
6. 깨어나는 한국 시장

보관을 넘어 생활 인프라로

1964년 미국 텍사스 주의 소도시 오데사.

텍사스만의 한여름 햇빛이 남자의 모자 위로 거칠게 내리쬐고 있었다. 에디 클라크는 손바닥에 묻은 윤활유를 바지에 쓱쓱 문지르며 잠시 트럭 짐칸을 내려다보았다. 철제 공구 상자, 유압 펌프 부속품, 드릴 비트 케이스, 옷가지가 든 낡은 가방, 고장 난 라디오, 그리고 아버지의 유품인 낡은 낚싯대 한 자루. 석유 시추 작업이 한창인 멕시코만 유정에서 그는 이제 막 4주 교대 근무를 마치고 집으로 돌아갈 채비를 했다.

그런데 그는 평소와 다른 방향으로 차를 몰았다. 20분 후 그의 트럭은 고속도로 옆에 새로 문을 연 대형 창고 앞에 멈춰 섰다. 며칠 전 동료 제임스가 알려준 시설이다. 6달러만 내면 한 달간 짐을 맡길 수 있는 창고가 생겼다는 이야기에 에디는 귀가 솔깃했다. 에디처럼 멀리서 일하러 온 노동자들은 조립식 컨테이너 하우스에서 생활했다. 근무를 마치고 집으로 복귀할 때면 다음 교대 근무자를 위해 퇴실과 동시에 짐을 모두 빼야 했다. 사설 장비는 각자 관리하라는 회사의 방침에 따라 어쩔 수 없이 매번 무거운 장비를 옮기는 수고를 해야 했다. 한 달에 6달러. 이 정도 가격이라면 굳이 짐을 옮기는 번거로움을 감수할 이유가 없었다.

트럭에서 내린 에디는 한참 동안 낯선 시설을 둘러봤다. 콘크리트 바닥에 금속 셔터가 달린 독립 유닛들이 줄지어 서 있었고, 칸마다 자물쇠를 채워 짐을 보관하는 구조였다. 꾸벅꾸벅 졸고 있던 관리인을 깨워 가로 5피트, 세로 10피트의 가장 작은 유닛을 계약한 에디는 라디오와 낚싯대를 제외한 장비를 유닛에 옮겨 넣고 셔터를 내린 뒤 자물쇠를 잠갔다. 그 순간 그는 묘한 안도감을 느꼈다.

'이제 저놈들이 어디 가버릴 걱정은 안 해도 되겠군.'
이날 에디는 인생에서 처음으로 공간을 돈 주고 사는 경험을 했다. 그리고 그가 다른 직장을 찾아 이곳을 떠난 5년 뒤엔 도시 외곽 곳곳에 이런 창고들이 수없이 생겨났다.

2025년 대한민국 서울.

'캠핑은 좋은데, 정리는 지옥이다.' 은지는 침대 옆에 아무렇게나 쌓아둔 야전침대와 폴딩 박스를 바라보며 한숨을 쉬었다. 혼자 사는 12평 오피스텔은 두 계절 치 옷을 수납하기에도 벅찼다. 6개월 전 본격적으로 캠핑을 시작하면서 짐은 기하급수적으로 늘어났다. 마침 오피스텔 월세 계약 만료일이 다가와 인근 오피스텔 시세를 알아봤지만, 절망만을 안겨줄 뿐이었다. 딱 2년간 저축한 돈만큼 시세가 올라 있었다. 오피스텔에서 5분 거리에 지하철 연장선이 개통되면서 초역세권이 되는 바람에 오히려 월세를 더 올려줘야 할 판이었다. 그렇다고 더 저렴한 곳으로 이사하자니 망설여졌다. 지하철역에서 버스로 갈아타야 하는 번거로움을 감당할 자신이 없었다.

그때 문득 은지의 머릿속에 얼마 전 회사 동료 미영이 한 말이 떠올랐다. "수납 대신 셀프스토리지를 쓴다."는 친구의 말을 당시에는 대수롭지 않게 흘려들었었다. 돈을 내고 짐을 맡긴다는 게 어쩐지 썩 내키지 않았다. 하지만 막상 여름 침낭과 불판 세트, 커다란 쿨러박스가 방 안을 굴러다니는 것을 보니 생각이 달라졌다.

결심한 듯 은지는 스마트폰을 꺼내 들었다. 검색창에 '셀프스토리지'를 입력하자 집에서 도보로 10분 거리에 있는 무인 셀프스토리지가 떴다. 첫 달 무료 프로모션, QR 출입, 24시간 이용 가능. 사진 속 시설은 호텔 로비처럼 깔끔해 보였다. 예약 버튼을 누르고 결제를 마치자 2.5㎡짜리 공간이 그녀의 것이 되었다.

'물건은 비우고, 공간은 넓히고, 마음은 가볍게.'
은지는 자신의 새로운 공간에 모셔둘 짐을 고르며 모처럼 해방감을 느꼈다.

공간의 아웃소싱

텍사스의 유전 시추 노동자 에디와 도시의 직장인 은지, 이 두 사람 사이에는 60년의 시간과 1만1,000km의 거리가 가로놓여 있다. 하지만 이들의 이야기에서 우리는 하나의 공통된 삶의 패턴을 마주한다. 짐을 '보관'하는 행위를 선택함으로써 이들은 각자의 방식으로 삶의 질을 한 단계 끌어올렸다. 다른 점이 있다면 수십 년 전 황량한 고속도로 옆의 작은 철문에서 시작된 이 서비스가 이제 디지털 플랫폼과 무인 시스템을 통해 도심 속 생활 인프라로 진화했다는 점이다.

에디에게 보관은 임시 주거의 부재를 해결하기 위한 '짐의 피난처'였고, 은지에게 그것은 변화하는 라이프스타일 속에서 균형을 유지하기 위한 '공간의 확장'이었다. 짐은 늘어나고 있지만, 집은 늘어나지 않는다. 공간은 고정되어 있고, 삶은 유동적이다. 이 간극을 메우는 도구로 셀프스토리지가 선택됐다.

60년 전 철제문과 잠금장치, 콘크리트 벽의 형태로 등장한 이 단순한 유닛은 삶의 유연성과 밀접하게 연결되어 있다. 누군가는 이사 전후 짐을 넣어두며 새로운 계획을 세우고, 누군가는 단지 계절을 넘기기 위해 작은 공간 하나를 빌린다. 그들의 공통점은 단 하나, 지금 이 순간, 공간이 부족하다는 것.

바로 이 지점에서 우리는 질문하게 된다. 현대 도시는 왜 이토록 많은 '공간의 결핍'을 만들어내는가? 우리는 과연 좁아진 공간 속에서 어떻게 살아가야 할까? 그리고 앞으로 어떤 공간이 필요해질 것인가?

이 질문의 실마리를 찾아가는 여정에서 우리는 셀프스토리지와 만나게 될 것이다.

비즈니스가 된 창고, 셀프스토리지

에디와 은지의 이야기를 다른 각도에서 살펴보자. 앞의 이야기가 사실을 기반으로 가상의 인물을 등장시켜 각색을 가미한 내용이라면, 이제부터 소개할 내용은 실제 이야기다.

다시 1964년 텍사스주 오데사.

텍사스 오데사의 변두리에는 미처 팔리지 않은 자투리땅이 남아 있었다. 석유 시추 산업으로 한창 번성하던 이 도시는 미국의 그 어느 도시보다 빠르게 성장했지만, 외곽 지역의 일부 부지는 투자자들에게 쓸모없는 땅으로 인식되곤 했다. 시가지에서 멀고 유동 인구가 거의 없었으며, 도로와 상하수도 같은 기반 시설이 부족했기 때문에 주거나 상업 용도로 활용하기 어려운 입지였다. 하지만 땅주인이었던 러스 윌리엄스Russ Williams와 그의 의붓아들 밥 먼Bob Munn은 자신의 땅을 팔지 않기로 했다. 대신 그 위에 작은 셔터가 달린 콘크리트 유닛을 세우기 시작했다. 처음에는 아무도 그것이 무슨 용도인지 알지 못했다.

그들이 만든 건 'A1 U-Store-It U-Lock-It U-Carry-the-Key'라는 독특한 이름을 가진 창고였다. 차고 스타일의 문을 사용한 이 시설은 임차인이 소지품을 보관한 후 잠금장치를 사용해 직접 관리할 수 있는 혁신적인 개념을 도입했다. 월 임대료는 유닛의 크기에 따라 6달러에서 12달러 사이. 작은 짐을 넣을 수 있는 5×10피트 크기부터 보트 트레일러를 넣을 수 있는 10×30피트까지 다양했다.

한 업계 관계자는 이 창고를 이렇게 묘사했다.
"그들은 단 하루 만에 차고를 여러 개 짓기로 했습니다. 그들은 그것들을 임대할 수 있었고, 더 많이 짓고 임대했습니다. 다른 누군가가 그것을 알아차리고 똑같이 했습니다."

창업자들도 놀랄 정도로 사업은 번창했다. 이 조그만 콘크리트 방들이 이토록 빠르게 사람들의 필요와 맞물릴 줄은 그들도 예상하지 못했다. 그들은 더 많은 땅을 매입했고, 더 많은 창고를 세웠다. 처음에는 장비 보관이 필요한 유전 근로자들을 대상으로 했지만, 생각보다 많은 사람이 이 공간을 원했다. 이사 중인 가족들, 낡은 가구를 놓을 데 없던 노인들까지 수많은 사람들이 이 창고를 채워갔다. 이 시설은 현대 셀프스토리지 산업의 원형이 됐다.

다시 2025년 대한민국 서울.

신림역에서 버스를 갈아타고 30분은 족히 가야 하는 허름한 산동네 어귀에 낡은 다세대주택 한 채가 자리하고 있다. 평범한 듯 보이는 이 낡은 건물엔 특별한 공간이 하나 숨어 있다. 경사진 골목 모퉁이에 자리한 탓에 앞쪽에서 보면 지하, 옆쪽에서 보면 1층으로 보이는 반지하 공간에 셀프스토리지 시설이 들어서 있다.

이 건물의 주인은 10년 넘게 법조계에 몸담고 있는 김지훈(가명) 변호사다. 2023년 김 변호사는 주변 시세보다 낮은 금액으로 이 건물을 경매로 매입했다. 이 건물을 매입하겠다고 했을 때 주변 지인들은 하나같이 고개를 갸우뚱했다. "왜 하필 거기죠?", "건물을 다시 지으시려는 거예요?"라는 반응이었다. 하지만 김 변호사는 처음부터 이 건물을 허물 생각이 없었다. 그가 본 것은 '입지'가 아니라 '잠재 수익'이었다.

그는 오랜 기간 사용하지 않던 지하 공간에 주목했다. 주거시설로도 주차장으로도 사용하기 애매한 이 공간은 오랜 기간 방치돼 있었지만, 그는 이곳을 셀프스토리지로 전환하기로 마음먹었다. 초기 시설비 투자금은 6,800만 원 정도로 건물 전체를 리모델링하는 데 비하면 훨씬 적은 금액이었다.

김 변호사의 예상은 적중했다. 이곳은 셀프스토리지 최적의 장소였다. 이 일대는 자취생과 1인 가구가 사는 주거밀집지역이다. 주거 환경이 열악한 산동네 주민들은 전기히터와 선풍기 같은 계절가전, 자전거와 캠핑 장비 등을 맡기러 이곳을 찾았다.

2025년 현재 김 변호사는 주택 월세 임대 수익 외에 셀프스토리지 운영으로 월 500만 원 내외의 수익을 올리고 있다. 수익이 0원이던 지하 공간은 연 6,000만 원 이상을 창출하는 알짜배기 상업 공간으로 탈바꿈했다. 자신의 건물이니 임대료 부담이 없고, 직원이 없으니 인건비도 나가지 않는다.

여기서 주목해야 할 것은 달라진 건물의 가치다. 오랫동안 공실로 남아 있던 지하 공간이 꾸준히 현금을 창출하는 수익원으로 바뀌었고, 이는 건물 가치 상승으로 이어졌다. 일반적으로 한 건물의 가치는 임대료 총합의 20배로 산정한다. 그러니 김 변호사는 지하 공간을 활용하는 것만으로 건물의 가치를 12억 원이나 끌어올린 셈이다. 공실 활용과 자산가치 상승이라는 두 마리 토끼를 잡은 사례다.

공실이 수익이 되는 마법

텍사스의 자투리땅은 셀프스토리지 비즈니스의 기원이 됐고, 신림동의 어두운 지하실은 고정 수익을 만들어내는 부동산 자산으로 탈바꿈했다. 전혀 다른 도시와 제도의 틈 사이에서 이야기의 주인공들이 내린 선택은 놀랍도록 닮아 있다.

이들은 셀프스토리지라는 수단을 통해 자산을 불리는 새로운 방식을 보여주었다. 단지 건물을 매입해 보유함으로써 시세 차익을 노리는 것이 아니라 잠자는 공간에 새로운 생명을 불어넣었다. 사용자에게 셀프스토리지가 삶의 여백을 선물하는 공간이라면, 사업자에게 셀프스토리지는 공간을 '수익 구조'로 재편하는 도구다.

상업용 부동산이 입지와 유동 인구에 기반한 투자 수단이라면, 셀프스토리지는 이와는 전혀 다른 성격을 갖고 있다. 유동 인구가 적고, 접근성이 떨어지며, 구조상 제약이 많은 공간이라도 높은 수익 창출이 가능하다. 그만큼 입지 리스크가 낮고, 고정 수익률이 높으며, 무인 운영이 가능하다는 점에서 투자자 모두에게 매력적인 대안으로 부상하고 있다.

우리는 이 이야기를 통해 셀프스토리지를 '공간 창출'의 관점이 아닌 '가치 창출'이라는 비즈니스의 언어로 다시 바라보게 된다. 공간이 아닌 수익을 디자인하는 도구로서 셀프스토리지가 가진 저력은 우리가 생각하는 이상으로 크다. 셀프스토리지라는 신대륙을 찾아가는 여정에서 우리는 이 새로운 공간을 둘러싼 막대한 돈의 흐름과 마주하게 될 것이다.

보관의 현대적 해석

　공유형 창고라고도 불리는 셀프스토리지는 'self service storage'의 약자로, 물품을 보관해주는 생활 편의 시설을 일컫는다. 한국에선 셀프스토리지, 일본에선 트렁크룸, 미국에선 셀프스토리지 혹은 미니스토리지로 제각각 다른 이름으로 불리고 있지만, 이 업業의 핵심은 같다. 사용자로부터 일정한 요금을 받고 보관시설을 임대하는 서비스다.

　앞서 살펴본 바와 같이 현대적 의미의 셀프스토리지는 1960년대 미국에서 시작됐지만, 물건을 안전하게 보관하는 '창고'의 개념은 인류 역사만큼이나 오래됐다. 고대 중국에서는 이미 기원전 4,000년경부터 보관의 역사가 시작됐다. 황하 문명을 일으켰던 이 지역에서는 귀중품이나 곡물, 주조용 술 등을 지하 토기 저장고에 보관하고, 혹시 모를 도난에 대비해 경비원까지 배치했다. 보관에 돈을 지불했다는 측면에서 이는 단순한 보관을 넘어 인류 최초의 보관 및 감시 비즈니스의 하나로 기록되고 있다.

비슷한 시기 메소포타미아에서도 진흙 벽돌로 만든 곡물 창고가 존재했다. 이러한 저장 시스템은 공동체의 생존을 위한 핵심 인프라로 기능했다. 풍요로운 시기의 잉여를 저장해 궁핍한 시기의 생존을 가능하게 해주는, 말하자면 인류 최초의 '미래 보험'이었던 셈이다.

이후 고대 로마는 '호르레움Horreum'이라 불리는 대규모 공공 창고 시스템을 발전시켰다. 로마 시민을 위한 곡물 저장고로 시작된 호르레움은 점차 와인, 올리브 오일, 의류, 무기를 보관하는 복합 창고로 확장됐다. 오늘날로 치면 일종의 대형 창고형 셀프스토리지였던 셈이다. 일부 부유층은 자신의 전용 창고를 따로 임대하거나 건축하기도 했으며, 로마법에는 창고 파손 시의 책임 소재 규정이 등장할 만큼 보관의 중요성이 제도적으로 인정받기 시작했다.

세월을 훌쩍 건너뛰어 18세기 후반에 해상 무역이 발달한 영국에서 흥미로운 형태의 보관 서비스가 등장했다. 세계 곳곳을 누비는 상인들은 집을 비우는 동안 재산과 귀중품을 보관할 장소가 필요했다. 처음에는 은행 금고를 이용했지만, 물량이 늘어나자 은행은 더 이상 충분한 공간을 제공할 수 없었다. 상인들은 창고를 임대해 물품을 보관하기 시작했고, 이는 현대적 의미의 보관업으로 이어지는 중요한 시작점이었다.

소비자 중심의 개인화 서비스로 진화

현대적 의미의 초창기 셀프스토리지가 텍사스의 유전 노동자들이 짐을 임시로 맡길 수 있는 공간이었다는 것은 앞서 설명한 바 있다. 초기엔 단일 건물에 금속 셔터를 달아 독립 유닛을 구획하고, 사용자는 자물쇠를 채운 후 열쇠를 직접 관리했다. 수요는 빠르게 늘어났다. 텍사스의 대부분 가정에는 보관용으로 사용되는 지하실이 없었는데, 이는 셀프스토리지 서비스 확장에 도움이 됐다. 이사, 군 복무, 출장, 재난 등으로 인해 사람들이 일정 기간 짐을 보관할 필요를 느낀다는 사실이 확인되면서 '보관'은 점차 일상화된 수요로 변모했다.

1970~80년대에는 셀프스토리지가 미국 전역으로 퍼지며 본격적인 산업화가 이뤄졌다. 소비 증가와 미국 인구의 이동 증가는 셀프스토리

지 산업의 급속한 성장을 뒷받침하는 중요한 요인이었다. 이 시기 사막 외곽이나 교외 지역에서 시작된 창고가 도시 주변부로 확장됐고, 유닛의 크기와 계약 기간도 다양해졌다. 초기에는 실외형 시설이 많았지만, 점차 실내형, 다층 구조, 차량 접근이 가능한 드라이브인형 등 물리적 설계도 진화했다. 그 사이 1972년에 퍼블릭스토리지Public Storage 가 창업했고, 이후 몇 년 동안 소규모 사업체들이 잇따라 이 시장에 뛰어들었다.

지금도 그렇지만 불황 속에서 셀프스토리지는 더욱 빛났다. 상업용 부동산 시장 붕괴로 1990년대 초 미국은 불황의 늪에 빠졌다. 사람들이 집을 줄여 이사하면서 셀프스토리지의 인기는 더욱 높아졌고 거의 모든 시설이 만실 상태를 유지했다.

기술의 발전도 시장 확대를 도왔다. 특히 냉난방이 가능한 시설이 등장하면서 가구, 서류, 전자기기, 골동품 등을 보관하려는 수요를 흡수하며 새로운 시장이 만들어졌다. 이러한 혁신은 더 많은 고객을 유치하고 보관 품목의 종류를 다양화하여 업계에 큰 발전을 가져왔다.

이처럼 창고는 시대와 문화를 막론하고 인류의 생존과 경제활동에 필수적인 요소였다. 현대의 셀프스토리지는 바로 '보관'이라는 인류의 근본적인 수요를 바탕으로 시대의 변화에 맞춰 개인에게 최적화된 형태로 발전한 결과물이라고 할 수 있다.

그렇다면 과거의 창고와 현대의 셀프스토리지는 무엇이 다를까? 과거의 창고는 주로 대량의 물품을 장기간 보관하고, 관리인의 통제 아래에서만 접근할 수 있었던 공급자 중심의 시스템이었다. 반면, 현대의 셀프스토리지는 소비자 중심의 서비스로 진화했다. 이름에서 알 수 있듯이 '셀프self' 스토리지의 가장 큰 특징은 사용자가 '직접' 물품을 옮기고 보관하며, 필요할 때 '언제든' 자유롭게 찾아갈 수 있다는 점이다. 24시간 접근할 수 있는 보안 시스템, 다양한 크기의 유닛, 온습도 조절 기능 등 고객의 편의성을 극대화한 서비스들이 추가됐다. 이는 단순히 짐을 맡기는 공간을 넘어 개인이 자신의 공간을 확장하고 라이프스타일에 맞춰 활용하는 개인화된 창고의 개념으로 발전했음을 의미한다.

삶을 저장하는 새로운 방식

　오늘날 상업용 부동산 카테고리로 분류되는 셀프스토리지는 오피스텔이나 상가, 물류창고 등의 여타 상업용 부동산 섹터에 비해 일반인들에겐 아직 생소하다. 정확히 말하자면 한국에 한정하면 그렇다. 미국이나 일본이라면 이야기가 다르다. 셀프스토리지 서비스의 발상지이자 최대 시장인 미국의 2025년 시장 규모는 454억 달러(약 60조 원)가 넘는 것으로 추산된다. 미국에는 20억 평방피트(약 1억 8,500만㎡)가 넘는 셀프스토리지 공간이 있다. 이 면적은 맨해튼의 약 3배 이상의 크기로 미국 전체 인구가 모두 한 번에 들어가고도 남을 만한 크기다. 시설 대부분은 이용률 90% 이상을 기록 중이며, 10명 중 1명은 매달 평균 114.5달러를 셀프스토리지 이용료로 지불한다.

미국 셀프스토리지 시장 규모 및 전망

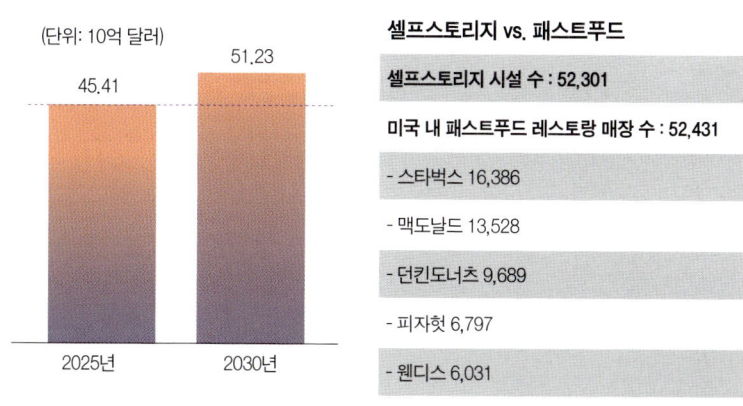

⟨출처: Motor Intelligence(2024)⟩

낮은 운영 비용, 유리한 임대 조건, 이동 증가, 그리고 기존 주택 공간 부족 등의 요인 덕분에 미국 셀프스토리지 업계는 지난 30년 넘게 연평균 3.5%의 성장을 기록했고 특히 최근 10년간 14.9%의 놀라운 성장률을 기록했다. 즉 미국에서 셀프스토리지는 단지 '물건을 맡기는 곳'이 아니라 미국 사회의 공간 소비 습관을 반영하는 거대한 생활 인프라가 된 셈이다.

삶의 인프라를 넘어 '문화'가 된 창고

미국에서 유독 셀프스토리지 산업이 성장한 이유를 보여주는 흥미로운 통계가 있다. 미국의 픽업형 셀프스토리지 운영 기업인 박스비(Boxbee)의 보고에 따르면, 셀프스토리지 사용자 중 약 65%는 집에 차고가 있음에도 물건을 외부에 보관한다. 이것은 미국 사용자들이 단순한 공간 부족이 아니라 '선택적 공간 소비'를 하고 있다는 이야기다. 여기에는 물건을 '당장 필요하지는 않지만 버릴 수는 없는' 감정적 자산으로 보는 태도가 크게 작용하고 있는 것으로 보인다.

이와 관련해 미국 유명인들의 흥미로운 에피소드가 몇 가지 있다. 2015년 비틀스의 멤버 링고 스타는 셀프스토리지 유닛을 정리하던 중 오랫동안 잊고 지냈던 음악 인생의 조각들을 다시 마주하게 된다. 그는 자선 경매를 준비하면서 여러 셀프스토리지 유닛을 비우기 시작했다. 그 과정에서 발견된 물건 중에는 존 레논이 건넸던 기타, 1963년 비틀스 녹음 당시 사용했던 드럼 키트, 그리고 비틀즈 시절의 미공개 기념품이 포함돼 있었다.

"우리는 너무 많은 물건을 보관하고 있었고, 그중 상당수는 지난 20~30년간 잊고 살았던 것들이다."

링고 스타의 이 말은 셀프스토리지가 단순히 비워두기 위한 공간이 아니라 한 개인의 서사가 잠들어 있던 추억의 공간이었음을 시사한다.

물론 낭만적인 이야기만 있는 것은 아니다. 2005년, 당시 '할리우드 잇 걸'로 불리던 패리스 힐튼의 셀프스토리지 유닛이 체납 문제로 경매에 부쳐졌다. 낙찰가는 2,775달러(약 380만 원). 그런데 이 작은 공간 안에는 단순한 가구나 잡동사니가 아닌, 힐튼의 개인 일기장 18권과 수천 장의 사진, 각종 영상과 사생활이 고스란히 담겨 있었다. 낙찰자는 이 콘텐츠를 바탕으로 웹사이트 'ParisExposed.com'을 만들고 유료 공개에 나섰다. 이 사건의 파장은 컸다. 힐튼은 사생활 침해를 주장하며 소송을 제기했고, 셀프스토리지는 한 사람의 사적인 기억이 상업적으로 유통되는 무대가 됐다. 단순히 '짐을 맡기는 공간'이라는 통념을 깨고, 이 서비스가 인간의 정체성과 밀접하게 연결된 감정적 공간이 될 수 있음을 상기시킨 사건이었다.

배우 니콜라스 케이지에게도 셀프스토리지는 뜻밖의 장면을 연출했다. 2000년 케이지는 자택에서 만화책 한 권을 도난당했다. 단순한 만화책이 아니었다. '슈퍼맨'이 처음 등장한 1938년 작 희귀본 『액션 코믹스 #1』이었다. 이 책은 무려 10년이 지난 2011년 캘리포니아 샌 페르난도 밸리의 한 셀프스토리지 유닛에서 기적처럼 발견됐다. 체납된 셀프스토리지를 경매로 낙찰받은 구매자가 보관된 물품을 정리하던 중 우연히 발견한 것이다. 이후 이 책은 경매에 다시 나와 당시 최고가인 216만 달러(약 30억 원)에 낙찰되며 또 한 번 화제를 모았다. 이 이야기는 셀프스토리지 경매를 소재로 한 리얼리티 프로그램 〈스토리지 워즈 Storage Wars〉의 스타들을 통해서도 알려지며 화제가 됐다.

이외에도 셀럽의 체납된 셀프스토리지 유닛이 경매에 넘겨지는 사례가 종종 있다. 팝의 전설 휘트니 휴스턴, 소울의 여왕 아레사 프랭클린, 마이클 잭슨의 부친 조 잭슨 등도 예외는 아니었다. 그들의 유닛에서는 공연 의상, 녹음테이프, 가족사진 같은 사적인 물건들이 종종 발견됐다. 이렇듯 셀프스토리지는 단지 짐을 보관하는 공간을 넘어 개인의 삶과 때로는 문화사적 유산이 쌓여 있는 일종의 비공식 박물관과도 같은 역할을 한다.

이러한 사례들은 셀프스토리지에 대한 사회적 인식이 단지 물리적 공간의 개념을 넘어서는 단계에 이르렀다는 점을 시사한다. 어떤 이들은 집 안의 공간을 보다 깔끔하게 유지하기 위해, 또 어떤 이들은 차마 버릴 수 없는 기억을 잠시 미뤄두기 위해 이 서비스를 이용한다. 자리를 비운 것이 아니라 '의도적으로 남겨둔' 공간, 그것이 오늘날 셀프스토리지의 정체성이다.

셀프스토리지는 그저 창고의 진화형이 아니다. 그것은 인간의 삶이 점점 더 유동적이고 복잡해지는 시대에 등장한 '개인의 외장 메모리'이자 '생활형 부동산'이다. 4,000년 전 점토판에 물건의 목록을 새기던 사람들의 기록욕과, 오늘날 QR코드로 출입하는 스마트 창고의 사이에는 기술의 변화만 있을 뿐 근본적인 욕망은 같다. 나의 물건을, 나만의 공간에, 나의 시간으로 저장하고 싶은 욕망. 이제 셀프스토리지는 공간을 넘어 '삶을 저장하는' 새로운 방식이 됐다.

글로벌 시장에서 검증 끝낸 뉴 이코노미

　셀프스토리지가 미국을 건너 다른 대륙으로 퍼지기 시작한 것은 1990년대 들어선 후다. 미국 내에서 이미 수십 년간 사업성이 검증된 이 사업 모델은 유사한 도시 문제를 겪고 있는 해외 대도시들에 매력적인 솔루션으로 다가왔다.

　가장 먼저 반응한 곳은 유럽이었다. 영국, 프랑스, 독일, 네덜란드 등에서는 이사를 자주 하는 인구, 고밀도 도시, 주택 구조의 제약 등으로 인해 보관 수요가 점점 증가했다. 런던과 파리는 셀프스토리지 수요가 급격히 늘어난 대표적인 도시였다.

특히 영국은 유럽 내 셀프스토리지 최대 시장으로, 런던을 중심으로 도심 내 소규모 유닛부터 교외형 대형 드라이브인 창고까지 다양한 형태가 공존한다. 영국의 최대 셀프스토리지 기업인 빅옐로Big Yellow는 런던을 중심으로 100개 이상의 지점을 운영하고 있으며, 세이프스토어Safestore는 프랑스, 네덜란드, 벨기에 등으로 거점을 넓히고 있다. 유럽을 대표하는 두 기업 모두 부동산투자신탁REIT 상장이나 프랜차이즈 확장을 통해 자산화 모델을 빠르게 구축했다.

유럽셀프스토리지협회SSA Europe에 따르면, 2023년 기준 유럽 전체에 약 6,929개의 시설이 운영 중이며, 평균 공실률은 21.5%로 안정적인 상태를 유지하고 있다. 특히 영국은 유럽 시장의 약 32.9%를 차지하며 단일 국가 중 가장 큰 점유율을 보이고 있다.

셀프스토리지가 유럽에서 성공적으로 자리 잡을 수 있었던 이유는 '건축의 유연성'과 '자산화 전략' 덕분이었다. 미국처럼 넓은 부지를 활용하는 대신 기존 상가나 주택의 유휴 공간, 지하, 지붕 층을 리모델링해 스토리지로 바꾸는 방식이 흔하다. 이렇듯 셀프스토리지는 유럽의 도시 재생 전략과도 맞물리며 단순한 공간 비즈니스를 넘어 지역 경제의 일환으로 기능하고 있다.

유럽 넘어 아시아로, 도시 과밀이 만든 블루오션

미국이나 유럽과 달리 아시아는 도시의 고밀도 구조와 인구 고령화, 1인 가구의 증가라는 사회적 맥락 속에서 셀프스토리지가 확산했다. 특히 일본, 홍콩, 싱가포르 등 도시화가 극단적으로 진행된 국가에서 이 모델은 '공간의 외주화'라는 솔루션으로 작동했다.

일본은 아시아 최대 셀프스토리지 시장으로, 셀프스토리지를 '트렁크룸'trunk room이라는 용어로 부른다. 1980년대 도쿄를 중심으로 등장한 트렁크룸은 점차 오사카, 후쿠오카, 나고야 등 대도시로 확산했고, 2022년 기준 약 1만4,000개의 시설이 운영 중이다. 이는 일본 내 편의점 수에 필적하는 규모다. 일본 시장은 이미 성숙기에 진입했으며, 최근에는 고령층을 위한 유품 정리 보관, 기업 대상 모바일 수납 서비스, 건물 내부 공간뿐 아니라 옥상, 주차장, 철도 하부 공간 등 다양한 유휴 공간을 활용한 스토리지도 늘고 있다.

홍콩은 초고밀도 도시라는 특성상 고층 건물의 일부를 셀프스토리지로 개조하거나 엘리베이터로 접근 가능한 층만을 활용한 수직형 창고 모델을 구현했고, 싱가포르는 정부의 허가 제도와 스마트시티 전략에 발맞춰 프리미엄형 셀프스토리지를 중심으로 고급화된 시장을 만들어냈다.

이렇듯 셀프스토리지는 각 도시의 구조, 문화, 소비자의 특성에 맞춰 유연하게 변신을 거듭하며 '맞춤형 공간 솔루션'으로 진화했다.

수익률이 입증하는 뉴 이코노미

주목해야 할 것은 셀프스토리지가 하나의 비즈니스 모델로서 이미 확실히 검증된 자산이라는 점이다. 단순히 미국, 일본 같은 선진국 소비자의 문화에 부합했기 때문에 성장했다기보다는 시장성과 수익성이라는 명확한 잣대 위에서 그 진가를 증명해왔다.

수치로 살펴보면 더 분명해진다. 미국부동산투자신탁협회NAREIT의 2024년 1분기 기준 보고서에 따르면, 셀프스토리지 부동산투자신탁 기업은 최근 10년간 연평균 17.20%의 총수익률을 기록하며, 모든 상업용 부동산 섹터 중 가장 높은 수익률을 보였다. 같은 기간 동안 산업용(물류센터 포함) 14.07%, 리테일(소매) 6.67%, 오피스 4.94%, 숙박/리조트 4.71%에 머물렀다. 코로나19 팬데믹을 전후로 많은 상업용 부동산 자산군이 침체를 겪은 반면, 셀프스토리지는 오히려 '필수 서비스'로 자리 잡으며 높은 점유율과 수익성을 유지했다. 이는 수익성 측면에서 셀프스토리지가 더 이상 틈새 자산이 아닌, 오히려 포트폴리오의 중심축으로 떠오르고 있음을 보여준다.

최근 10년간 미국 상업용 부동산 섹터별 연평균 투자 수익률(2014~2023)

섹터	연평균 투자 수익률 (%)
셀프스토리지	17.20
산업용	14.07
리테일(소매)	6.67
오피스	4.94
숙박/리조트	4.71

⟨출처: NAREIT, 2024년 1사분기 보고서⟩

셀프스토리지는 자산 시장에서도 큰 기회를 만들었다. 미국 내 상장 셀프스토리지 대표 기업인 퍼블릭스토리지는 40개 주에 걸쳐 3,400개 이상의 부동산을 소유 또는 운영하고 있으며, 2025년 9월 기준 시가총액이 510억 달러에 이른다. 엑스트라 스페이스 스토리지, 큐브스마트 CubeSmart, 라이프스토리지 Life Storage 같은 기업들도 이 시장에서 안정적인 수익률을 올리고 있다.

어떻게 이런 성과가 가능했을까? 핵심은 낮은 운영 비용과 유연한 수요 구조에 있다. 셀프스토리지는 전통적인 리테일이나 오피스에 비해 관리 인력이 적게 필요하고, 유지보수 비용도 비교적 낮다. 수십 개의 유닛을 한 번에 임대하는 대형 계약자보다 수백 명의 일반 소비자에게 각각 소형 유닛을 제공하는 모델은 수익 안정성을 높여준다. 한 명의 고객이 계약을 해지해도 수익에 미치는 영향이 제한적이며, 반대로 빈 유닛 하나가 채워질 때마다 실질 수익은 즉각적으로 개선된다.

또 하나 주목할 점은 수요의 확산성이다. 주택 시장 가격이 치솟고 도시 밀도가 높아질수록 셀프스토리지는 그 대체 공간으로 주목받는다. 특히 1인 가구가 많은 도시일수록 이 경향은 더욱 뚜렷해진다. 도심 외곽의 중소형 창고가 안정적인 현금흐름을 만들어내며, 투자자 입장에서는 '저위험 고수익'의 이상적인 조합이 되는 것이다. 이는 단지 미국만의 이야기가 아니다. 일본, 싱가포르, 홍콩, 호주 등 세계 주요 도시에서도 셀프스토리지는 동일한 구조로 수익을 창출하고 있으며, 아시아 전역으로도 확산 중이다.

투자자들에게 셀프스토리지가 매력적인 또 하나의 이유는 자산의 유연성이다. 셀프스토리지는 경제 불황기에도 비교적 강한 회복력을 보인다. 이른바 '생활형 창고'로 분류되기 때문에 소비자들이 경제적으로로 어려워도 오히려 이사, 주거 축소, 임시 보관 수요 등으로 인해 사용 빈도가 높아지는 경향이 있다. 불황기에 리테일이나 호텔, 오피스는 수요가 줄어드는 반면, 셀프스토리지는 그 반대의 궤적을 그리는 경우도 적지 않다.

포장 산업 분야 글로벌 컨설팅 기업인 Towards Packaging이 최근 발표한 자료에 따르면, 글로벌 셀프스토리지 시장은 2024년 593억4,000만 달러에서 2034년 1,052억2,000만 달러로 10년 사이 2배 성장해 연평균 5.95%의 높은 성장률을 기록할 전망이다. 도시화 증가, 전자상거래의 확장, 라이프스타일 변화, 비용 효율적인 포장재 수요 등 여러 요인

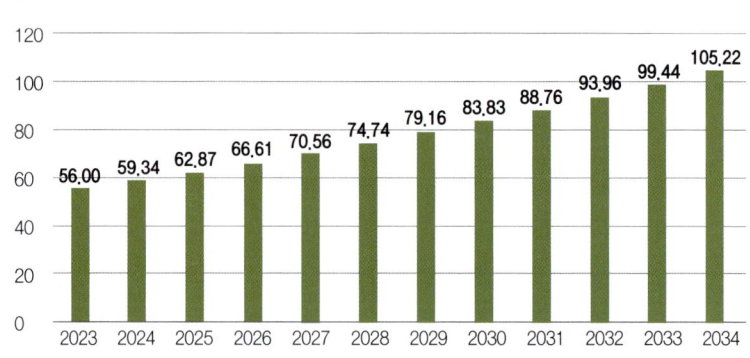

〈출처: https://www.towardspackaging.com/〉

이 셀프스토리지 시장 성장에 크게 기여하고 있으며, 성장하는 스타트업 또한 이 시장 발전에 중요한 역할을 할 것으로 내다봤다.

글로벌 시장에서 셀프스토리지는 단지 확산 이상의 의미를 가진다. 이미 수익을 내는 구조로 검증됐으며, 상업용 부동산 섹터에서는 대체 불가능한 투자 자산군으로 자리 잡았다. 공간의 수익화, 도시의 재구성, 기술과 결합한 운영 모델까지. 셀프스토리지는 라이프스타일과 도시 구조, 투자 전략이 교차하는 뉴 이코노미의 대표 주자로 올라섰다.

깨어나기 시작한 한국 시장

세계 각국의 셀프스토리지 시장의 흐름을 종합해보면, 셀프스토리지가 산업으로 성장한 곳에서는 다음과 같은 공통 요소가 발견된다.

- 도시화와 주거 밀도 상승으로 인한 주거 공간의 축소
- 1인 가구 증가 및 고령화 추세
- 이직, 유학, 해외 파견, 장거리 이사 등 이동의 증가로 임시 보관 수요 급증
- 온라인 쇼핑 활성화, 다양해진 취미 등 소비 물품의 다변화
- 무인 시스템, IoT, 앱 기반 예약 등으로 운영 효율화

이들 요인 가운데 어떤 것도 한국의 사정과 무관하지 않다. 그런데 미국, 유럽을 비롯해 아시아 국가인 일본, 싱가포르에서 이미 수십 년간 셀프스토리지 서비스가 일상화된 반면, 우리 주변에선 비교적 최근까지도 셀프스토리지 간판을 쉽게 찾아보기 어려웠다.

국내에서 현대적 의미의 셀프스토리지 사업을 시작한 기업은 빙그레였다. 2007년 빙그레는 '셀프스토리지'라는 자회사를 설립하고 모바일 컨테이너와 문서 보관 사업을 중심으로 서비스를 제공했다. 초기에는 기업 고객이 중심이었으나, 소량 맞춤형 서비스 도입으로 개인 소비자층도 늘어났다. 그러나 시장 인프라와 수요 기반이 부족했던 탓에 2016년 결국 빙그레는 셀프스토리지 사업 철수를 결정했다.

셀프스토리지가 소비자 기반의 공간 산업으로 전환된 실질적 출발점은 아시아 최대 셀프스토리지 기업인 엑스트라스페이스 아시아가 2010년 양재에 첫 지점을 열면서부터라는 것이 업계의 중론이다. 이후 반포, 가산, 압구정, 용산 등지로 영토를 확장한 이 브랜드는 한국 셀프스토리지 시장의 성장 가능성을 확인시켜주었다.

엑스트라스페이스의 진출은 국내 기업들의 창업에도 촉매제가 됐다. 2015년 창업한 아이엠박스에 이어 2016년 세컨신드롬의 '다락'이 등장한 이후 박스풀, 큐스토리지, 알파박스 등 셀프스토리지 스타트업들이 대거 등장하며 본격적인 시장의 태동을 알렸다. 이들은 저마다 차별화된 운영 시스템과 UX 기반의 모바일 앱, 무인 보안 시스템, 다양한 유닛 크기 등을 무기로 시장에서 경쟁력을 확보해나갔다.

그러나 글로벌 기업의 진출과 스타트업의 창업 열풍에도 불구하고 한국 셀프스토리지 시장은 최근까지 좀처럼 열리지 않았다. 짐을 '맡긴다'는 행위 자체에 거리감을 느끼는 문화가 강하다 보니 남의 공간을 돈 주고 빌려 쓴다는 개념이 보편화되기까지는 시간이 필요했다.

한국 시장이 각성한 이유

이처럼 한국 셀프스토리지 산업은 한동안 미약했지만, 2023년을 기점으로 놀라운 반전을 보이기 시작했다. 글로벌 종합 부동산 서비스 기업 존스랑라살JLL에 따르면, 2023년 5월 기준 한국의 셀프스토리지 지점 수는 약 300개로 집계됐으며, 1년 뒤인 2024년 5월에는 500개로 전년 동월 대비 56%로 매우 가파른 속도로 증가 중이다. 절대 규모로는 일본의 46분의 1 수준에 불과하지만, 단일 연도의 성장률로는 전례 없는 수준이다. 전체 시설 수의 약 87%는 수도권에 밀집돼 있다.

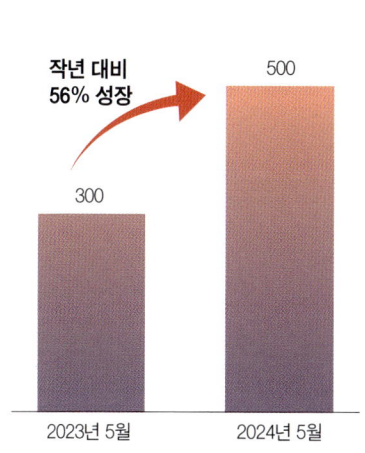 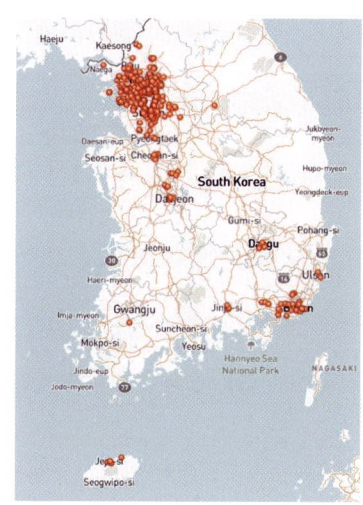

〈출처: JLL, 국내 셀프스토리지 시장 2024〉

무엇이 이러한 변화를 이끌어냈을까?

첫째는 주거 공간의 제약이다. 한국 1인당 평균 주거 면적은 2021년 기준으로 33.9㎡에 불과하다. 물리적으로 공간을 확장할 수 없는 환경 속에서 셀프스토리지는 '외부 공간'을 확보할 수 있는 가장 현실적 대안이 됐다.

둘째는 1인 가구의 급증이다. 통계청 자료에 따르면 2023년 기준 우리나라 전체 가구의 35.5%가 1인 가구이며, 이들은 캠핑, 운동, 반려동물, 취미 활동 등 다양한 물품을 보관할 공간에 대한 수요를 강하게 드러내고 있다. 특히 소형 오피스텔에 거주하는 청년이나 직장인은 셀프스토리지의 주요 사용자층으로 부상하고 있다.

셋째는 디지털 기술의 발달이다. 셀프스토리지 시설은 예약부터 출입, 보안까지 전 과정을 앱 기반으로 자동화하고 있다. 24시간 무인 운영은 사용자 편의성과 사업자 효율성을 모두 만족시키는 시스템으로, 불규칙한 일상을 보내는 현대 소비자에게 안성맞춤이다.

넷째는 상업용 부동산의 위기다. 이런 위기는 셀프스토리지 산업엔 유리하게 작용했다. 공실로 방치되던 도심의 지하, 2층, 3층 공간이 셀프스토리지로 전환되며 수익화되고 있다.

이 같은 변화 속에서 서울과 수도권을 중심으로 빠르게 확산 중이며, 특히 대학가와 원룸 밀집지역, 교통 요충지를 중심으로 빠르게 사용자를 늘려가고 있다. 2025년 현재 국내 지점 수는 500개를 넘어선 것으로 추정되며, 아이엠박스만 해도 2024년 약 80개였던 지점을 2025년 8월 현재 150개까지 대폭 확대했다.

글로벌 시장 조사 기업인 Mordor Intelligence의 보고서는 한국 셀프스토리지 시장에 대한 낙관적인 전망을 제시하고 있다. 보고서에 따르면, 2025년 기준 22.8억 달러 규모의 한국 시장은 2030년 32.7억 달러에 이를 것으로 예측된다. 이는 연평균 7.48%의 높은 성장률로 상업용 부동산 분야에서는 손꼽히는 상승세다.

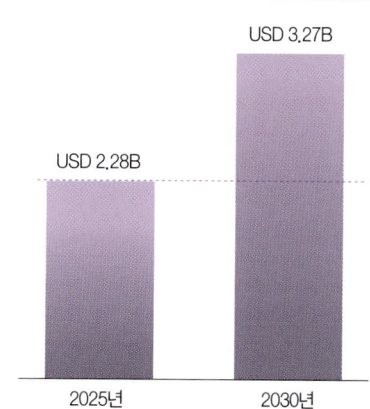

한국 셀프스토리지 시장 전망

시장 전망에 미치는 요인별 영향 분석

성장 요인	(+) CAGR에 미치는 영향	지리적 관련성	영향 타임라인
도시화와 평균 바닥 면적 감소	+2.1%	서울 수도권, 부산-울산-경남으로 확산	중기(2-4년)
주택 가격 상승과 전세금 압박	+1.8%	서울 도심권, 경기도 교외권까지 확장	단기(≤ 2년)
전자상거래 마이크로 풀필먼트 수요	+1.4%	국내, 서울/부산 물류 허브에 집중	장기(≥ 4년)
라이브커머스 방송/재고 급증	+0.9%	서울 수도권, 대구/경북 지역으로 확대	중기(2-4년)

〈출처: Mordor Intelligence〉

Mordor Intelligence는 이와 같은 성장의 주요 동인으로 여러 사회경제적 변화를 꼽았다. 먼저, 급속한 도시 고밀화와 주거 공간 부족 심화는 개인들이 여유 공간을 확보하기 위해 셀프스토리지를 찾게 만드는 핵심 요인이다. 또한 1인 가구의 지속적인 증가는 소형 물품 보관에 대한 수요를 촉진하고 있다. 더불어 전자상거래 시장의 성장 또한 중요한 역할을 하고 있다고 분석했다. 온라인 유통업체들이 도심 내 물류 효율성을 높이기 위해 '마이크로 풀필먼트Micro-fulfillment'를 도입하면서 셀프스토리지가 소규모 물류 거점 역할을 수행하는 사례가 늘고 있기 때문이라는 분석도 내놨다. 결론적으로, Mordor Intelligence는 사회적 변화와 상업적 수요가 맞물려 한국 셀프스토리지 산업이 앞으로도 꾸준히 확대될 것으로 전망했다.

물론 과제도 존재한다. 문화적 인식은 여전히 장벽이다. 한국 사회는 '짐은 집 안에 보관해야 한다'는 관념이 강하며, 외부 공간을 유료로 사용하는 데 대한 저항이 적지 않다. 여기에 보관물 분실, 화재, 침수 등 안전에 대한 불안감도 해소해야 할 문제다. 제도나 규제 면에서도 여전히 미비점이 있다.

그럼에도 불구하고 셀프스토리지는 지금 이 순간, 한국 상업용 부동산 시장에서 가장 빠르게 성장하는 업종 중 하나다. 우리는 지금 막 깨

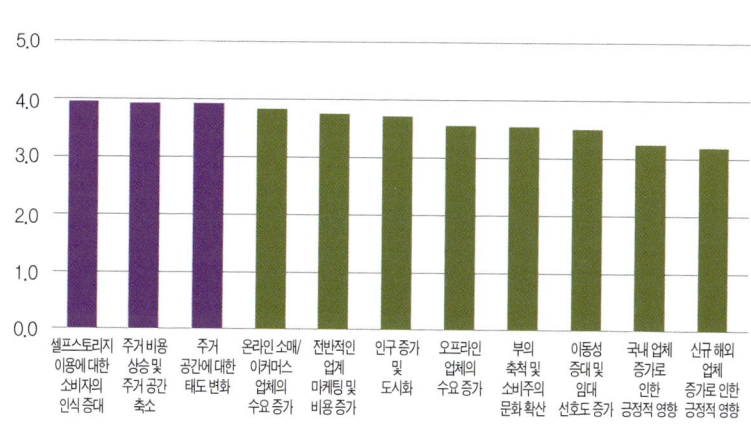

〈출처: SSAA Annual Survey 2022, as of 3Q 2022〉

어나기 시작한 신흥 시장의 첫 페이지를 함께 넘기는 중이다.

이제 한국 셀프스토리지 시장이 상업용 부동산 시장의 새로운 구세주가 될 수밖에 없는 요인들을 보다 더 면밀하게 살펴봐야 할 차례다.

SELF SERVICE STORAGE

셀프스토리지 산업의 성장을 견인하는 요인으로는
도시화 증가, 코로나바이러스로 인한
다운사이징 증가, 생활 방식의 변화 등이 있다.
셀프스토리지 산업은 종종 어려운 삶의
사건들을 겪는 사람들의 삶의 일부 역할을 한다.
그래서 셀프스토리지는 경기 침체에
가장 강한 자산군 중 하나이다.
- 포브스, 2020년 12월 1일자

CHAPTER 2

상업용 부동산
新트렌드

1. 달라진 공간의 가치와 역할

2. 부동산 '순수의 시대'의 종말

3. 품질과 서비스로 승부하는 시대

4. 공실공화국의 그늘

5. 공실 문제률 해결할 구원투수의 등장

6. 일본에서 목격한 한국의 미래

달라진 공간의 가치와 역할

코로나19 팬데믹은 단순한 보건 위기를 넘어 인간이 공간을 인식하고 사용하는 방식에 근본적인 전환을 가져왔다. 이 시기 주거 공간의 쓰임은 전례 없는 변화를 겪었다. 과거 집은 잠을 자고 식사를 하는 생리적 기능의 공간이었다. 하지만 팬데믹 이후 집은 일터이자 교실이 되었고, 홈짐과 카페, 회의실로까지 변모했다. 거실은 화상회의 공간이 되고, 주방은 아이의 온라인 수업 교실이 되며, 침실은 헬스장이 되고 영화관이 됐다. 하나의 공간이 여러 가지 기능을 감당해야 하는 시대. 이 새로운 현실은 공간의 가치와 역할을 완전히 새롭게 규정했다.

유현준 홍익대학교 건축학과 교수는 그의 저서 『공간의 미래』에서

"코로나 팬데믹으로 인해 집에서 보내는 시간이 평소보다 155% 늘어났다. 이는 기존의 집이 감당해야 할 용량을 1.5배 초과한 것이며, 집에서 보내는 시간이 1.5배 늘었으니 반대로 집이 1.5배 작게 느껴진다."고 했다. 이 말은 셀프스토리지의 급부상이라는 새로운 현상을 해석하는 데 있어 유용한 틀을 제공한다. "공간은 인간의 사고방식을 지배한다."는 그의 말처럼 우리가 어떤 구조에 둘러싸여 사는가는 단지 편리함이나 미학의 문제를 넘어 그 사람이 세상을 바라보는 방식과 삶을 구성하는 질서를 보여준다. 단순히 공간을 빌려주는 셀프스토리지 서비스가 어떻게 산업으로 확장되고 생활 인프라가 됐는지를 이해하기 위해선 사람과 공간 사이의 심리적 연결고리를 이해해야 한다.

소유보다 사용, 고정보다 유연

2023년 이후 한국 셀프스토리지 시장이 가파른 성장세를 보이는 것은 단순히 산업의 수익 구조 때문만은 아니다. 오히려 우리가 공간을 소비하고 활용하는 방식 자체가 변했기 때문이라고 봐야 마땅하다.

특히 이러한 변화는 MZ세대를 중심으로 가속되고 있다. 이들은 고정된 소유보다는 유연한 구독을 선호한다. 집도, 차도, 물건도 '필요할 때 빌려 쓰는' 구조에 익숙한 이들에게 공간은 반드시 소유해야 하는 대상이 아니다. 이들은 방 한 칸, 책상 하나, 창고 하나도 마치 콘텐츠를 스트리밍하듯 구독한다. 고정된 공간보다 이동과 변형 가능한 공간을 선호하는 이들은 셀프스토리지를 정리 수단이 아니라 '접속 가능한 공간이자 자산'으로 인식한다. 필요할 때 접근할 수 있고, 사용하지 않을 땐 잊을 수 있는 그 중간 지대. 이들이 찾는 건 영구적인 확장 공간이 아니라 라이프스타일에 따라 유연하게 접근할 수 있는 임시 확장 슬롯이다.

이처럼 유동성과 접근성을 강조하는 사용자 집단의 등장은 셀프스토리지 산업의 주요한 성장 요인이 되고 있다. 실제로 2024년 아이엠박스가 자사 서비스 이용자 1,216명을 대상으로 조사한 바에 따르면 전체 고객 중 76.3%가 소비문화를 주도하는 25~45세대였다.

또한 여러 통계자료에서 평균 연령이 낮은 자치구일수록 셀프스토리지 지점 수가 더 많음을 확인할 수 있는데, 이는 구독 경제 문화가 익숙하고 주거 공간이 협소해 추가 저장 공간이 필요한 젊은 층에서 수요가 더 강하기 때문이라고 해석하는 게 타당하다.

미국 부동산 투자 분석 전문기관인 머커스 앤 밀리챕Marcus &

Millichap은 〈2020 셀프스토리지 투자 보고서〉에서 "밀레니얼 세대가 자신의 라이프스타일 안에 외부 보관 공간을 통합했다."며, "이들이 기존보다 훨씬 자주 셀프스토리지를 활용하고, 자동화·디지털 예약 시스템·냉난방 설비 등에 대한 수요가 증가했다"는 점을 강조했다. 디지털 네이티브 세대의 공간 소비 행태의 변화가 셀프스토리지 업계에 장기적인 성장 동력을 제공하고 있다는 분석이다.

아이엠박스 이용자 연령대별 점유율

이용자 연령대	26~30세	31~35세	36~40세	40~45세
	17.7%	24.9%	17.8%	15.9%

전체 이용자의 76.3%가 소비문화를 주도하는 2545세대

〈출처: 아이엠박스 신규고객 1,216명 설문조사(2024.4.19~2024. 11. 12)〉

공간에 대한 젊은 세대의 새로운 감각은 부동산의 고정 관념까지 흔들고 있다. '공간=자산'이라는 등식에서, '공간=유연한 플랫폼'이라는 인식으로 전환되기 시작한 것이다. 고정된 평면도, 단일한 기능, 불변의 구조가 아니라 시공간적 요구에 따라 확장·축소·재구성 가능한 공간이 더 높은 가치를 갖는 시대다. 셀프스토리지는 이 같은 변화에 가장 기민하게 반응한 공간 산업이다.

1인 가구에서 가장 큰 비중을 차지하는 연령대가 MZ세대라는 점도 셀프스토리지 산업이 성장할 수밖에 없는 토대가 된다. 1인 가구의 증가는 셀프스토리지 산업 성장의 가장 강력한 추동력 중 하나다. 혼자 사는 사람들은 대체로 주거 공간이 협소하고 수납 여건이 열악한 경우가 많아 일상 속 물품을 보관할 수 있는 외부 공간에 대한 수요가 자연스럽게 발생한다. 특히 이사, 계절 용품 교체, 취미 활동 등에서 발생하는 임시 보관의 필요성은 1인 가구일수록 빈번하게 나타난다.

행정안전부 인구통계에 따르면 전체 1인 가구 중 29세 이하가 19.2%

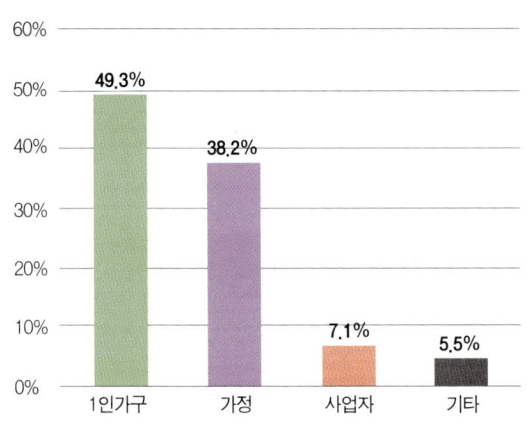

전국 아이엠박스 이용자 비중

〈출처: 아이엠박스 신규고객 1,216명 설문조사(2024.4.19~2024. 11. 12)〉

로 가장 큰 비중을 차지했다. 1인 가구의 지역별 비중은 2022년 기준 경기도가 21.8%로 가장 높았고, 서울 20.8%, 부산 6.8%, 경남 6.2% 순으로, 셀프스토리지가 대도시와 수도권에 집중돼 있다. 혼자 사는 이들의 주택 유형은 아파트가 34.9%로 가장 높은데, 1년 전인 2022년과 비교하면 7.1%나 증가한 수치다.

여기서 주목해야 할 것은 1인 가구의 절반 가까이가 월세로 거주하고 있다는 점이다. 월세 비율은 49.6%로 전세 14.9%보다 압도적으로 높다. 대한민국 전체 가구의 자가율이 57.3%인데 반해 1인 가구의 자가율은 29.0%로 큰 차이를 보인다.

결국 1인 가구의 확대, 그 중심에 있는 MZ세대의 라이프스타일이 맞물리면서 셀프스토리지는 단순한 저장 공간을 넘어 도시 생활의 기본 인프라로 자리 잡을 수밖에 없다. 실제로 아이엠박스가 조사한 자료에 따르면, 1인 가구 고객의 36.6%가 이사로 인해 아이엠박스를 이용하는 것으로 나타났다. 이는 다인 가구 동일 사유 대비 세 배나 높은 수치다.

연령대별 1인 가구 비중(2022)

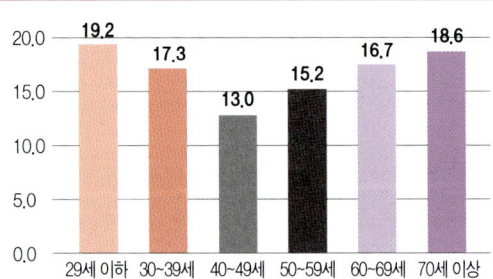

성연령대별 1인 가구 비중(2022)

〈출처: 통계청 「인구주택총조사」〉

1인 가구 주거 점유 형태

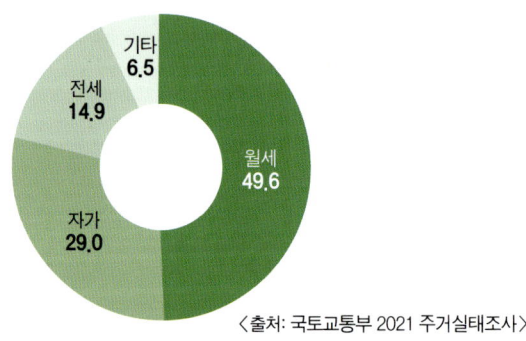

〈출처: 국토교통부 2021 주거실태조사〉

공간이 바뀌면 사회가 바뀐다

또 하나의 중요한 변화는 소비 습관의 진화다. 정기 배송(구독), 공동 구매, 중고 거래, 취미 생활 등은 집 안에 계속해서 '임시적 물건'을 쌓아 놓게 했다. 자전거, 캠핑용품, 계절가전, 온라인 셀링 재고, 아이의 장난감 등은 필요하지만, 항상 필요한 물건은 아니다. 이럴 때 셀프스토리지는 '물건을 놓아둘 수 있는 심리적 여유 공간'이 된다.

주목해야 할 점은 셀프스토리지가 제공하는 핵심이 단지 면적이 아니라는 사실이다. 이 산업이 제공하는 진짜 가치는 '심리적 여백'과 '운영의 유연성'이다. 내 삶의 구조가 복잡해지고, 물리적 집이 좁아질수록 사람들은 물건과 기능을 외부로 분리하려는 욕망을 갖는다. 셀프스토리지는 그 욕망을 현실로 만들어준다. 단기적으로는 창고이지만, 장기적으로는 '삶의 확장 기지' 역할을 한다.

주거 공간만큼이나 상업 공간의 쓰임도 변화하고 있다. 팬데믹 이후 원격 근무와 하이브리드 워크가 일상이 되면서 대형 오피스 수요는 감소했고, 자영업자와 소규모 창업자들은 비용 절감과 운영 효율을 위해 창고 기능이 융합된 업무 공간을 선호하게 되었다. 그들은 사무실보다는 가성비 좋은 창고와 함께 일하는 공유 공간을 원했고, 이는 셀프스

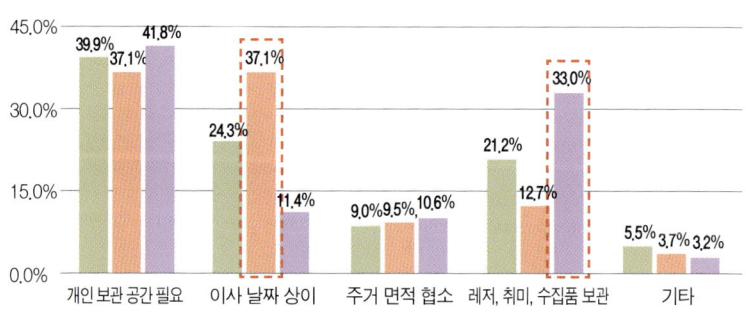

〈출처: 아이엠박스 신규 고객 1,216명 설문조사(2024. 4. 19~2024. 11. 12)〉

토리지가 대체하고 있는 영역 중 하나다.

이처럼 셀프스토리지는 공간 구조의 변화뿐만 아니라, 공간 사용 방식의 변화까지 흡수하며 진화하고 있다. 셀프스토리지는 일상의 불편함을 해소하는 '서비스'이자 자영업자와 스타트업에게는 효율적 운영을 위한 '솔루션'이다.

셀프스토리지는 단지 시장의 트렌드에 머물지 않는다. 이는 구조적 변화다. 한국 사회는 이미 고령사회에 진입했고, 결혼과 출산의 감소, 개인화된 라이프스타일은 더 이상 일시적 현상이 아니다. 1인 가구는 '혼자 사는 사람'이 아니라 '새로운 삶의 단위'가 되고 있다. 이런 흐름 속에서 공간의 개념도 달라질 수밖에 없다. 다양한 형태의 보조적 공간, 유동적인 저장 시스템, 이동 가능한 생활의 일부로서의 공간이 필요하다. 셀프스토리지는 그 전면에 있다.

부동산 '순수의 시대'의 종말

1인 가구의 증가, 저출산·고령화, 주거비 상승이 셀프스토리지의 수요를 밀어 올린다면, 공급 측면에서는 상업용 부동산 시장의 변혁과 위기가 동력을 제공하고 있다. 수요와 공급 양쪽에서 동시에 변화가 밀려오는, 이른바 줄탁동시啐啄同時의 상황이다.

우리는 지금 상업용 부동산 시장의 거대한 전환점 위에 서 있다. 지금까지 부동산은 사두면 언젠가는 오르는 안전 자산으로 통했다. 특히 2000년대 초반부터 코로나19 팬데믹 초반까지 길게 이어진 장기 호황은 이런 믿음을 더욱 공고히 했다. 그러나 지금 우리는 완전히 다른 시대를 살고 있다.

2022년 이후 국내 부동산 시장은 극적인 변화를 겪었다. 코로나19 이후 풀린 유동성은 시장을 단기간에 과열시켰지만, 러시아-우크라이나 전쟁, 글로벌 긴축 기조, 고물가 흐름이 겹치며 분위기가 빠르게 반전됐다. 여기에 금리 인상과 글로벌 경기 침체, 프로젝트 파이낸싱 Project Financing 부실 위험까지 겹치면서 국내 상업용 부동산 시장은 전례 없는 복합 위기의 소용돌이에 빠졌다.

시행사들은 땅을 사두고도 건물을 짓지 못하고, 짓더라도 팔리지 않는 상황에 내몰리고 있다. PF 대출을 받은 사업자들은 원리금 상환조차 어려운 처지이며, 정부는 대출 만기 연장과 안정화 자금 투입 등을 통해 간신히 버티는 중이다. 하지만 이는 근본적인 해결책이 될 수 없다. 어디까지나 폭탄이 터지는 시간을 늦추는 임시방편에 불과하다.

복합적인 악재가 만든 '퍼펙트 스톰'

최근 상업용 부동산 시장이 맞닥뜨린 위기는 단순히 하나의 요인으로 설명할 수 없는 복합적인 문제다. 초저금리 시대에 막대한 자금이 풀리면서 개발 사업이 우후죽순으로 늘어났지만, 2022년 이후 시작된 고금리 기조는 모든 사업의 비용을 기하급수적으로 끌어올렸다.

상업용 부동산 시장의 위기는 우리 주변에서 구체적인 징후로 나타나고 있다. 가장 두드러진 현상은 공사 중단과 미분양 사태다. 공사 중 자금난에 빠진 시행사가 대출 이자를 감당하지 못하고 사업을 포기하면서 수도권 외곽이나 지방에서 오피스텔, 지식산업센터, 상가 공사가 멈춰 '유령 건물'로 방치되는 사례가 늘고 있다. 어렵게 완공을 하더라도 높은 금리와 경기 침체로 인해 임차인이나 매수자를 찾지 못해 비어 있는 채로 남는 미분양 사태도 속출하고 있다. 특히 과거 활발히 개발이 이루어졌던 지식산업센터는 입주율이 예상보다 저조해 막대한 공실 리스크에 시달리는 곳이 많다. 급등한 대출 이자와 건설 자재비는 사업성 자체를 무너뜨렸고, 준공 후에도 높은 금리에 주저하는 임차인과 매수자들로 인해 미분양이 속출하는 악순환이 시작됐다.

이러한 위기가 현실로 나타난 대표적인 사례는 2022년 레고랜드 사태다. 강원도가 지급 보증을 약속했던 레고랜드 자산유동화기업어음(ABCP)의 채무 불이행 사태가 발생하면서, 시장은 정부의 신뢰에 의문을 품고 급격히 얼어붙었다. 이로 인해 건설사와 증권사 등이 발행한 PF 자산유동화증권에 대한 투자 심리가 급격히 위축됐고, 자금 시장에 '돈맥경화'가 발생했다. 특히 상업용 부동산 PF는 만기 구조가 짧은 경우가 많아 유동성 경색의 직격탄을 맞았다. 급한 불을 끄기 위해 자금을 빌리려는 시행사들은 더 높은 금리를 감수해야 했고, 이는 결국 사업성이 낮은 사업장부터 줄도산 위기에 내몰리는 결과를 낳았다.

이어 2023년 말 태영건설 워크아웃은 이러한 위기가 건설업계의 현실로 나타난 상징적인 사건이다. 태영건설은 480억 원 규모의 PF 채무를 상환하지 못하고 워크아웃을 신청하면서, 국내 건설업계에 만연한 PF 채무의 규모와 위험성을 시장에 각인시켰다.

태영건설 사태는 단순히 한 대형 건설사의 문제가 아니라, 그와 얽힌 수많은 하도급 업체와 금융기관에 연쇄적인 부실을 일으킬 수 있다는 공포를 확산시켰다. 특히 지방에 집중된 미분양 상업용 부동산 개발 사업장의 PF 부실 위험이 얼마나 심각한지를 여실히 보여준다.

상업용 부동산 시장의 뚜렷한 위기 징후들

이와 함께 코로나19 팬데믹 이후 확산한 재택근무는 오피스 수요를 감소시켰고, 비대면 소비 트렌드는 오프라인 상가와 리테일 시장의 침체를 가속했다. 과거에는 안정적인 투자처로 여겨지던 오피스, 지식산업센터, 물류센터 등도 이제는 수요 감소와 공실 위험에 직면하며 자산 가치 하락을 피할 수 없게 됐다. 결국 시장 과열기에 추진되었던 수

많은 개발 프로젝트가 이 같은 '퍼펙트 스톰' 속에서 좌초될 위기에 놓였다.

다음으로 경매 시장의 급격한 증가는 위기의 심각성을 단적으로 보여준다. PF 대출을 갚지 못한 사업장들이 채권자의 신청으로 경매 시장에 나오면서 경매 건수가 급증하고 있다. 매수자를 찾지 못해 수차례 유찰되는 사례도 늘고 있으며, 낙찰가도 감정가의 절반 수준으로 떨어지는 경우가 속출하고 있다. 일부 물건은 감정가의 10% 수준에 낙찰되며 '경매 대란'이라는 표현까지 나올 지경에 이르렀다. 경기도 시흥시 배곧동에서 감정가 6억3,700만 원에 경매에 나왔던 상가는 일곱 번이나 유찰된 끝에 감정가의 10%도 안 되는 6,250만 원에 낙찰됐다. 서울도 예외는 아니어서 서울 강북구 수유동의 한 상가는 감정가의 27%에 낙찰됐다. 상업용 부동산 시장의 위기가 극단적으로 나타난 이 사례는 주변 상업용 부동산의 가치를 추가로 하락시키는 요인이 돼 시장의 침체를 더욱 심화시킬 수 있다는 우려가 나오고 있다.

상업용 부동산 시장의 위기는 단순히 개발 사업자만의 문제가 아니다. 이는 곧바로 금융권의 부실 위험으로 전이되고 있다. 특히 위험성이 높은 브릿지론을 공급한 저축은행, 증권사, 여신전문금융사 등 제2금융권의 PF 대출 연체율이 상승하면서 금융 시스템 전체의 건전성에 대한 우려가 커지고 있다.

앞으로 국내 상업용 부동산 시장은 당분간 '옥석 가리기' 장세가 이어질 전망이다. 무분별하게 추진됐던 사업의 정리가 불가피하며, 입지와 수익성 등 본질적인 가치를 갖춘 소수 프로젝트만이 살아남을 것이다. 이에 따라 입지 여건이 좋지 않거나 차별화된 경쟁력을 갖지 못한 빌딩은 도태될 운명을 맞을 것이다.

국내 상업용 부동산 시장은 지금의 위기를 극복하고 새로운 질서를 찾아가는 지난한 과정을 거치게 될 것이다.

품질과 서비스로 경쟁하는 시대

급변하는 상업용 부동산 시장은 빌딩 간 무한 경쟁을 야기하고 있다. 이용자의 니즈는 갈수록 다양하고 까다로워졌다. 서비스 질에 따라 살아남거나 아니면 도태되는 살벌한 적자생존의 시장이 열린 것이다.

위기에 직면한 건설사들이 선택한 방향은 서비스의 차별화다. 단순히 하드웨어로서의 건물을 공급하는 데 그치지 않고, 소프트웨어적 가치 즉, 입주자의 라이프스타일과 공간 경험을 고려한 맞춤형 서비스로 무장한 공간을 제공하는 데 집중하고 있다. 헬스장, 수영장, 루프탑 풀은 물론이고 아이들과 고령자 돌봄 서비스, 24시간 무인 금고도 아파트 단지에 등장하고 있다. 부동산의 가치가 공간의 물리적 면적이나 입지가 아니라 그 안에서 '어떤 경험을 할 수 있는가'로 옮겨가고 있다. 과거 공급자 중심 시장에서 수요자(임차인) 시장으로 급격히 옮겨가고 있다는 신호다.

삼성물산의 '래미안 원베일리'는 이런 흐름을 잘 보여주는 사례다. 지하 공간을 문화예술과 연결된 공공 보행로로 설계하고, 호텔식 출입구와 자연광 유입을 고려한 설계로 주거 공간의 질을 한 차원 끌어올렸다는 평가를 받고 있다. 커뮤니티 공간은 튀르키예의 휴양지를 테마로 한 수영장과 핀란드식 사우나 등으로 구성돼 단순한 편의시설을 넘어 '체험 공간'으로 진화했다.

GS건설의 강남 신반포 '메이플자이'도 주목할 만하다. 이 단지에는 스카이라운지, 골프연습장, 실내 수영장, 사우나, 게스트하우스 등 고급화된 커뮤니티 시설이 도입됐다. 단풍을 테마로 한 조경과 함께 캐나다 밴프국립공원을 모티브로 한 힐링 공간, 어린이와 가족을 위한 놀이·휴게 공간 등을 함께 구성해 단지의 감성적 가치를 극대화했다. 이는 단지의 조경과 커뮤니티 시설이 단순한 '부가 공간'을 넘어 부동산의 핵심 가치로 자리매김하고 있음을 보여주는 사례다.

금융 서비스도 아파트에 등장했다. 대우건설은 '써밋 리미티드 남천'

단지에 24시간 무인 금고 서비스를 도입했다. 이는 비대면 금융 시대에 실물 자산을 안전하게 보관하고자 하는 소비자의 니즈를 반영한 것으로, 프라이버시와 보안을 동시에 충족하는 새로운 공간 서비스 모델이다. 주거 공간 내에서 자산 보호와 고급 보안 서비스가 결합되는 방식은 부동산의 가치를 '체감 가능한 서비스'로 전환한 대표적인 사례다.

이제 건설사들은 주거와 상업, 커뮤니티와 물류, 복지와 금융을 융합하는 '복합형 공간'을 만들어내는 데 집중하고 있다. 이러한 고급화 흐름은 주거 부문을 넘어 상업 공간에서도 이어진다. 팬데믹 이후 오피스텔과 상가 건물 시장의 상황도 상황은 녹록지 않다. 재택근무가 확산하면서 사무 공간에 대한 수요는 감소 추세를 보이고 있고, 자영업자와 중소기업들은 운영비 절감을 위해 더 작은 공간, 더 다양한 서비스가 융합된 공간을 찾고 있다.

수요자 중심의 '서비스 시장'으로 전환

지금 상업용 부동산 시장은 공급자 중심에서 수요자 중심으로 빠르게 달려가고 있다. 단순히 건물을 짓는 것만으로는 시장에서 살아남을 수 없게 되면서 관리의 품질, 공간의 편의성, 서비스의 차별성이 경쟁

력의 핵심이 된 것이다.

셀프스토리지는 이러한 공간 전략의 자연스러운 연장선에 있다. 대표적인 사례가 아이엠박스의 '돌봄 클러스터' 참여다. 아이엠박스는 HDC아이앤콘스와 함께 '아이 돌봄-노인 돌봄-반려동물 돌봄-짐 보관 서비스'를 통합적으로 제공하는 거대한 커뮤니티 플랫폼 구축에 참여하고 있다. 이는 단순한 창고 제공을 넘어 라이프스타일 맞춤형 공간 서비스로 셀프스토리지의 위치를 재정의하는 의미 있는 성과다.

2024년 HDC아이앤콘스는 아이엠박스, 케어닥, 커넥팅더닷츠, 21그램과 함께 다자간 MOU를 체결하고, 성남을 시작으로 수원, 파주, 울산 등에서 돌봄 클러스터를 추진 중이다. 이 클러스터는 아이 돌봄, 노인 돌봄, 반려동물 케어, 짐 보관 서비스를 하나의 플랫폼으로 통합해 단지 내에서 원스톱으로 제공하는 것이 핵심이다. 셀프스토리지 사업자인 아이엠박스의 참여는 셀프스토리지가 건설사의 차세대 공간 서비스 전략에 편입되고 있음을 보여주는 신호탄이다.

GS건설도 셀프스토리지 기업인 세컨신드롬과 손잡고 자이 단지에 개인 맞춤형 보관 서비스인 '미니창고 다락'을 도입할 예정이다. 아파트 커뮤니티 내에 남는 공간을 활용해 입주민들이 개인 물품을 보관할 수 있도록 하는 서비스로, 자이 아파트 통합 서비스 앱인 '자이홈'과 창고 서비스를 연동해 보관 물품 데이터 관리, 온·습도 제어, 원격 개폐 등이 가능하게 했다.

몇 년 전부터 건설사들이 분양하는 아파트에서는 세대별 창고를 고급화 전략의 하나로 내세우고 있다. 세대당 1~1.5㎡의 공간이 기본 옵션으로 제공되는데, 이는 캠핑, 레저 인구 증가에 따라 여가 활동을 위한 장비를 보관하거나 계절가전이나 여행용 캐리어 등 부피가 큰 물건을 보관하기 위한 것이다.

공유오피스와 셀프스토리지도 맞손을 잡았다. 셀프스토리지 전문기업 알파박스는 부산 지역 공유오피스 패스파인더와 상호 업무협약을 체결했다. 공유오피스 이용자에게 24시간 이용할 수 있는 공유창고를 저렴한 가격에 이용할 수 있도록 하기 위한 것으로, 양사는 새로운 지점 계획 시에 공동 출점하는 방안 등을 검토한다고 밝히고 있다. 패스파인더 입장에서는 공간뿐만 아니라 서비스와 커뮤니티를 제공한다는 점에서 기존 공유오피스와 차별화 포인트로 셀프스토리지를 선택한 것이다.

이제 부동산 시장은 공급자가 아니라 수요자, 즉 임차인의 눈으로 재편되고 있다. 부동산 시장의 무게추는 소유와 개발에서 '관리'와 '활용'으로 옮겨갔다. 어떤 서비스를 제공하느냐, 그 서비스가 얼마나 편리하고 유연하냐에 따라 부동산의 생존 가능성이 결정된다. 살아 있는 공간, 살아 있는 서비스, 살아 있는 운영. 이것이 위기의 시대를 넘어서는 해법이다. 셀프스토리지는 새로운 공간 솔루션의 해법 중 하나로 부상하고 있다.

공실공화국의 그늘

"8년 동안 임대 수익 한 푼 없이 대출이자만 갚고 있습니다. 한때 미래라 믿고 투자한 이 상가가 이제는 짐짝처럼 느껴집니다."

지방 혁신도시에 60평 상가를 소유한 30대 후반 임대인이 털어놓은 이 말은 위기에 빠진 국내 상업용 부동산 시장의 어두운 현실을 잘 드러낸다. 2016년 상가를 분양받은 이 임대인은 혁신도시 개발이라는 꿈에 투자했다. 하지만 그의 꿈은 물거품이 됐다. 8년 동안 단 하루도 임차인을 받지 못한데다 은행에 매달 나가는 이자를 감당하기도 벅찼다.

공실은 단지 지방 혁신도시만의 이야기는 아니다. 수도권은 물론이고 서울 중심가에서도 임차인을 구하지 못해 몇 년째 비워진 건물을 바라보며 한숨짓는 임대인은 늘어만 가고 있다. 공실 문제는 임대인 개인의 재앙에서 그치지 않고 한국 부동산 시장에 거대한 그늘을 드리우고 있다.

한국부동산원 통계에 따르면 2024년 2분기 기준 전국 소규모 상가 공실률은 8.0%로 2015년 관련 통계를 집계한 이래 최고치를 기록했다. 자영업이 무너지던 코로나19 팬데믹 당시였던 2020년 2분기의 6.0%보다도 높은 수치다. 중대형 상가 공실률도 13.8%, 오피스 공실률도 8.6%에 달한다.

중대형 상가 공실률(매해 2분기 기준)

〈출처: 한국부동산원 통계〉

이것이 변두리나 지방 도시만의 이야기가 아니라는 점이 문제의 심각성을 더한다. 서울 중심 상권에서도 공실률이 심각한 수준으로 치닫고 있다. 실제로 서울 중구 을지로, 강남구 논현동, 마포구 홍대입구 등 이른바 '알짜 상권'으로 불리던 지역의 공실률이 최근 급등하며, 공실 대란이 전방위로 확산하는 모양새다. 명동 일부 건물은 1층부터 3층까지 전 층이 공실로 방치돼 있고, 강남에서도 2~3년째 임차인을 찾지 못한 상가가 속출하고 있다. 마포구의 유명 상권이었던 홍대 거리 역시 공실 매물이 잇따라 나오고 있으며, 과거 번화했던 거리는 유동 인구 감소와 임대료 부담으로 활기를 잃고 있다. 이제 공실 문제는 서울 중심부의 주요 상권까지 잠식하며 전국적 문제로 확산하고 있다.

수도권 외곽 지식산업센터, 지방 혁신도시는 아예 수요 자체가 사라진 곳도 있다. 기반 인프라가 부족한 상태에서 과잉 공급된 상가는 10년이 다 되도록 공실로 방치되고 있는 실정이다. 분양 당시에는 공공기관 이전에 대한 기대감으로 투자가 몰렸지만, 뚜껑을 열어 보니 사람들은 결국 대도시의 도심 생활권에 거주하며 출퇴근하는 쪽을 택했다. 퇴근 시간 이후엔 유령 도시가 되는 혁신도시의 상가는 공실이 만성화됐고, 임대인들은 사설 경비비, 관리비, 대출이자를 버티며 고통을 감내하고 있다.

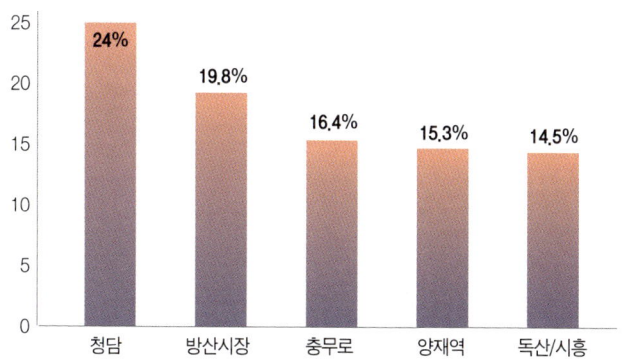

〈출처: 한국부동산원 통계〉

부동산 광풍이 남긴 폐허

　공실은 일시적인 경기 하강이 원인이 아니라는 점에서 문제의 심각성이 크다. 구조적으로 공실을 유발하는 메커니즘이 시장 곳곳에 고착됐기 때문이다.

　공실 문제의 진정한 뿌리는 바로 공급 과잉이다. 2021~2022년 부동산 시장 랠리 당시, 지식산업센터와 혁신도시가 우후죽순 쏟아져 나왔다. '지금 아니면 기회를 놓친다'는 조급함 속에서 부동산 개발은 광풍처럼 번졌고, 시공사들도 자신들이 감당할 수 있는 케파capacity를 넘는 물량에 손을 댔다. 부실 공사 논란도 여기서 비롯됐다.

문제는 이 개발 붐의 여파가 아직도 계속되고 있다는 점이다. 2025년 현재 인허가를 받고도 착공되지 않은 지식산업센터 부지만 324곳에 이른다. 대출을 받은 상태에서 중도에 포기하면 파산이니 이미 시작된 공사를 멈출 수도, 되돌릴 수도 없는 상황이다.

이렇듯 부동산은 본질적으로 회수가 어렵고 유연하지 않은 자산이다. 일반 소비재처럼 환불이 불가능하며, 개발에서 임대까지 최소 수 년에서 10년에 달하는 긴 주기가 필요하다. 투자자들은 더 이상 '시간이 해결해줄 것'이라는 낙관적 전망을 가질 수 없는 국면에 도달했다. 공실 문제는 단기 침체가 아니라 구조적 전환의 징후로 보아야 마땅하다.

사실 통계 뒤에 숨은 현실은 더 암담하다. 부동산 공실률은 조사 지역과 조사 방식에 따라 다르게 나타나지만, 실제로 건물 현장에 가보면 통계보다 더 심각한 경우가 많다. 예컨대 연면적 100평 이상의 중대형 상가는 2024년 기준 공실률이 13.9%에 이르지만, 현장 체감치는 이보다 훨씬 높다.

비워 두는 것이 최선일까?

이런 상황에서 임대인들의 고통은 날이 갈수록 심해지고 있다. 경제적인 여유가 있어 상가를 분양받는 사람은 극소수다. 대부분은 안정적인 임대 수익을 기대하고 은행 대출을 받아 어렵게 부동산 자산을 마련한 사람들이다.

이들이 공실 문제를 해결할 방안은 크게 두 가지다. 첫 번째는 임대료를 낮추는 방법이다. 언뜻 간단한 방법이라고 생각할 수 있지만, 쉽지 않은 결정이다. 싸게 임대를 주고 싶어도 임대료를 낮추면 건물 가치 자체가 하락하기 때문이다. 건물의 가치는 건물에서 나오는 임대료 총합에 일정 배수를 곱한다. 임대료 인하를 쉽게 결정할 수 없는 이유는 또 있다. 상가임대차 보호법 개정으로 계약 기간이 최대 10년으로 늘어난 지금, 한 번 낮은 임대료에 임대하면 10년간 되돌리기 어렵다는 것이 문제다.

그래서 임대인들은 두 번째 방법인 비워 두는 쪽을 선택한다. 실제로 이런 전략이 통하던 시절이 있었다. 1~2년 정도만 버티면 부동산 경기 사이클을 타고 다시 시장이 반등하는 시점이 왔기 때문이다. 하지만 상업용 부동산 시장의 전망이 불투명한 지금은 이런 전략이 오히려 임대인들을 더 큰 절망으로 몰아넣고 있다.

 암울한 현실 속에서 정부와 지자체는 다양한 해법을 내놓고 있다. 상가 용도 완화가 대표적이다. 상가에 주민 생활편의시설 입점을 허용하고, 소규모 관광 숙박시설도 확대해 공실 문제를 해결하려는 방안이다. 한편에서는 단기 수요를 흡수하는 팝업스토어, 공유오피스 등도 운영되고 있다. 그러나 이는 일시적 처방에 불과하다. 단기 임대모델은 불안정한 수익 구조로 지속 가능성을 담보하지 못한다. 정책적으로 PF 대출의 만기를 연장하거나 세제 혜택을 제공하는 방식도 근본적인 수요 창출에는 미치지 못한다. 결국 상업용 부동산 시장은 구조 전환을 요구받고 있다.

 공실 문제의 더 깊은 문제는 이 위기가 아직도 끝나지 않았다는 점이다. 2025년부터 2027년까지 수도권에만 수십만 평 규모의 오피스와 상업시설 공급이 예정되어 있지만, 이를 흡수할 실수요는 보이지 않는다.

 국세청 통계에 따르면 2024년 한 해에 폐업 신고를 한 사업자가 사상 처음으로 100만 명을 넘어서 100만8,282명을 기록했다. 이는 전년보다 2만1,795명이나 증가한 수치로, 1995년 관련 통계를 집계한 이래 최고 수치다. 절반 이상은 폐업 이유로 '사업 부진'을 들었으며, 폐업 사업자 중 소매업·음식점업 비중이 45%에 달했다. 코로나19 팬데믹 시기 누적된 사업 부진과 고금리에 따른 연체율 악화 등으로 폐업자가 대폭 증가한 것으로 분석된다.

공급은 늘어나는데 수요는 계속 하향 곡선이다. 이 간극은 자산의 유동성을 악화시키고 있다. 실제로 얼마 전 지인이 살고 있는 남양주 신도시 별내에 방문할 기회가 있었다. 새로 지어진 대규모 복합 상가인 아이파크와 힐스테이트 상가 대부분은 비어 있었다. 그런데 그 옆에서는 또 다른 대형 상가 건물이 올라가고 있었다. 이미 임대 수요가 없는 지역에 미래의 공실이 또 만들어지고 있는 셈이다.

벼랑 끝에 선 임대인을 살려내는 근본적인 대책은 아직 요원하다. 이제 공실은 단순히 개인의 실패한 선택의 결과물이 아니다. 그렇다면 공실 문제의 해법은 정말 없는 걸까?

공실 문제를 해결할
구원투수의 등장

공실 문제를 해결할 방법이 없는 건 아니다. 임대료를 낮추지 않아도 되고, 비워 둔 채 시간이 해결해주기를 기다리지 않아도 되는 길이 있다. 지금까지의 선택지와는 전혀 다른 새로운 길을 택한 사람들이 이미 있다. 이들은 절망적인 현실에서도 제3의 해법을 찾아냈다. 앞서 소개했던 지방 혁신도시의 임대인 역시 그중 한 명이다.

8년간 단 하루도 임차인을 들이지 못했던 이 임대인이 아이엠박스 사무실로 연락을 해온 건 2024년 설 연휴가 시작되기 직전이었다. 인터넷 검색으로 셀프스토리지라는 것을 알게 됐다며 운을 뗀 임대인은 빨리 만났으면 하는 눈치였다.

30대 가장의 절박함이 안타까워 설 연휴였던 2월 28일 직접 임대인을 만나러 갔다. 실제로 찾아가서 보니 상황은 생각보다 더 암울했다. 임대인의 상가가 위치한 건물은 말 그대로 폐허였다. 5층 건물 상가 대부분이 텅 비어 있었고, 주변 상권도 이미 죽은 지 오래였다. 공실이 앞으로 얼마나 더 지속될지 가늠할 수조차 없었다.

가장 큰 문제는 입지였다. 건물이 소재한 도시의 중심권과 인근 광역시의 중간 지점에 들어선 이 혁신도시는 현실적으로 상가가 들어서기에 애매한 곳이었다. 중심가에서도 멀고 광역시에서도 40분이나 걸렸다. 시외버스정류장, 공기관 등이 위치한 번화가에서 살짝 벗어난 곳에 건물이 위치해 주거 인구도 많지 않았다. 낮에 혁신도시를 채웠던 직장인들이 퇴근해 도심으로 가버리고 나면 밤의 텅 빈 혁신도시는 그야말로 허물을 벗은 껍데기나 다름없는 모습이다. 호수공원의 허망한 뷰가 내려다보이는 건물 4층의 60평짜리 상가는 그렇게 8년간 텅 비어 있었다.

"분양받을 당시만 해도 월 300만 원 정도의 임대료 수익을 올릴 수 있을 거라고 기대했어요. 그런데 한 해 두 해 시간만 갔고, 어느새 8년이 됐더군요. 대안 없이 세월만 흘려보내고 있으니 답답할 노릇이에요."

셀프스토리지에 대해 자세히 설명할 겨를도 없이 임대인은 '이대로는 아무것도 바뀌지 않을 것' 같다며 적극적인 모습을 보였다. 더 이상 기다리지 않겠다는 각오로 곧바로 협의를 거쳐 공간을 셀프스토리지로 전환했고, 현재는 지역 수요를 흡수하는 중소형 셀프스토리지로 재탄생했다. 8년간의 공실을 버틴 끝에 마침내 안정적인 수익을 낼 새로운 출구를 찾아낸 것이다. 임대료를 낮추지 않고도, 공간의 성격을 바꾸는 방식으로 위기를 돌파한 사례다.

가장 현실적이고 실현 가능한 대안

비슷한 시기에 수도권 외곽 지식산업센터에서도 또 하나의 절박한 선택이 있었다. 지식산업센터를 분양받은 30대 신혼부부가 연락을 해 왔다. "직접 뵙고 상담하고 싶다."는 요청이었다. 약속된 날 남편과 함께 사무실로 들어서는 아내의 표정은 한눈에 봐도 굳어 있었다.

부부 사이에 미묘한 기류가 흘러 평소보다도 더 조심스럽게 상담을 진행했다. 부부가 어렵게 털어놓은 사정은 이랬다. 직장인이었던 남편은 결혼 전에 분양받은 지식산업센터를 아내에게 알리지 않다가 결혼 후에야 그 사실을 털어놓았다.

"지식산업센터가 이렇게 될 줄은 몰랐다."고 말하며 잔뜩 풀이 죽은 남편의 사정이 딱했다. 남편이 큰 욕심을 부린 것도 아니다. 지식산업센터를 분양받아 인생 대박을 노린 것도 아니다. 그저 임대료를 받아 결혼 후 안정된 생활을 하고 싶었을 것이다.

지식산업센터는 전체 금액의 10%만 가지고도 분양을 받을 수 있으니 직장인이 투자하기에 조건도 좋았다. 더욱이 주택 수에 포함되지 않으니 세금 혜택도 누릴 수 있다. 그런데 임차인을 구하지 못하면 문제가 심각해진다. 오피스텔이라면 최악의 경우 직접 거주라도 할 수 있지만 지식산업센터는 그냥 비워 둘 수밖에 없다.

한편에선 이 사실을 모르고 결혼한 아내 입에서 '사기 결혼'이라는 말이 나오는 것도 무리는 아니다. 공실 상태가 이미 3년 넘게 계속됐고, 은행 대출 이자만 한 달에 200만 원 이상이었다.

모두 잘 알다시피 이 부부가 처한 상황이 결코 예외적인 경우는 아니다. 아파트형 공장이라 불리던 지식산업센터는 제조업, IT 사업장과 근린생활시설, 판매시설 등이 복합적으로 입주할 수 있는 집합건축물이다. 부동산 호황기에는 아파트 대체 투자처로 주목받았고, 특히 분양가의 80%까지 대출을 받을 수 있어 투자자들이 몰렸다. 하지만 공급 과잉으로 2022년 하반기 이후 투자 심리가 사그라들었다. 2018~2023년 사이 지식산업센터의 인허가 건수는 평균 108건 수준으로 2010~2017년 평균 허가 건수(56건)의 2배나 된다.

남편은 내게 조심스레 물었다.
"아이엠박스를 하면 잘될까요?"
오랜 기간 공실 문제로 골머리를 앓아온 임대인 대다수는 이런 의문이 먼저 들 수밖에 없다.

임대인의 건물이 위치한 곳은 주거 수요와 창고 수요가 모두 존재한다. 상업용 임대는 실패했지만 셀프스토리지라면 수요가 충분히 있다고 판단했고, 임대인도 내 설명을 듣고 고개를 끄덕였다. 신혼부부는 셀프스토리지 전환을 결정했고, 현재는 공실의 절망에서 벗어나 수익화에 성공했다. 그리고 여전히 부부로 살고 있다.

앞서 두 사례가 보여주듯 공실 상태의 임대인이 선택할 수 있는 세 번째 길이 분명히 존재한다. 자영업자의 진입이 줄어든 시장에서 고정 수요를 흡수할 수 있는 저장 공간은 오히려 늘어나고 있다. 특히 주거 밀집지역, 수도권 외곽, 창업형 지역에서는 셀프스토리지가 오피스나 점포보다 실질적이고 안정적인 수익을 만들어낸다.

물론 셀프스토리지가 만능은 아니다. 하지만 분명한 것은 현재로선 공실 문제를 해결할 수 있는 가장 현실적이고 유일한 해법이라는 점에는 변함이 없다.

지금까지 부동산 시장의 변화라는 잣대를 놓고 셀프스토리지의 미래를 엿봤다. 요약하자면, 지금 우리는 공간과 부동산의 패러다임이 완전히 달라진 세상을 살고 있다. 팬데믹 이후 공간은 단순한 물리적 장소가 아닌, 삶의 구조와 방식을 담아내는 복합적 플랫폼으로 진화했다. 집은 일터와 학교, 창고와 휴식 공간이 됐고, 젊은 세대는 소유보다 사용, 고정보다 유연한 공간을 선호한다. 이러한 변화는 셀프스토리지 산업의 급성장이라는 새로운 흐름으로 이어졌다.

동시에 상업용 부동산 시장은 과잉 공급, 수요 변화, 고금리와 경기침체 등 복합적인 요인으로 위기를 맞이하고 있다. 과거처럼 사두면 오르는 '순수한 부동산의 시대'는 끝났으며, 이제는 얼마나 효율적이고 유연한 서비스를 제공하는가가 생존을 결정짓는다. 공급자 중심의 개발이 아닌, 사용자 중심의 맞춤형 공간 전략이 시장의 중심축으로 떠오르고 있고, 그 서비스의 한 축으로 셀프스트로지의 역할이 커지고 있다.

국내 상업용 부동산 시장의 위기를 상징하는 공실 문제의 거의 유일한 해결책 또한 셀프스토리지다. 공실 문제는 단지 일부 지역의 문제가 아니라 전국적인 공급 과잉과 수요 부진이 맞물린 결과다. 수도권 중심 상권에서조차 공실이 심화되고, 지식산업센터와 혁신도시의 상가는 장기간 폐허 상태로 방치되고 있다. 수많은 임대인이 해법 없이 버티거나 포기하는 상황에서 셀프스토리지는 '쓰임의 전환'을 통해 이 위기를 돌파할 수 있는 가능성을 제공한다.

 셀프스토리지는 단순한 창고가 아니다. 변화한 공간 수요에 유연하게 대응하는 '확장 슬롯'이자, 개인과 기업, 투자자 모두에게 실질적인 대안을 제공하는 플랫폼이다. 이는 더 이상 선택이 아니라 변화된 환경에 대응하기 위한 필연적 전환이다. 공간에 대한 관점이 바뀌었고, 부동산의 생존 공식도 달라졌다. 셀프스토리지는 바로 그 새로운 공식의 핵심 변수다.

일본에서 목격한 한국의 미래

국내 상업용 부동산 시장이 심각한 공실 문제에 직면했으며, 셀프스토리지가 그 현실적인 대안으로 떠오르고 있다는 사실을 확인했다. 이는 일시적인 유행이 아니라 변화된 공간의 가치와 소비 방식, 그리고 위기에 처한 부동산 시장의 구조적 해법을 찾는 과정에서 나타난 필연적인 흐름이라는 것도 확인했다.

그렇다면 아직 태동기인 한국 셀프스토리지 산업의 내일은 어떤 모습일까? 그 해답을 찾기 위해 우리보다 앞서 유사한 문제들을 겪어온 일본의 사례에 주목할 필요가 있다. 물론 우리가 일본보다 트렌드를 선도하는 분야가 예전보다 많아진 건 사실이지만, 수많은 산업과 소비

트렌드, 사회 현상까지 일본은 늘 우리의 미래를 예측하는 선명한 지표였다. 특히 최근 국내에서 급격하게 대두된 상업용 부동산 시장의 공실 문제와 노후 건물의 유령화 현상 역시 일본이 오래전부터 직면해 온 과제라는 점에서 우리의 고민과 깊은 연관성을 가진다.

일본 노무라종합연구소의 예측에 따르면, 2033년에 일본의 빈집 수는 2,000만 채로 전체의 약 30%를 넘을 전망이다. 빈집 비율이 30%를 넘어서면 치안이 급속도로 악화하고, 쾌적한 환경을 찾아 사람들이 지역을 떠나면서 슬럼화가 빠르게 진행되기 마련이다. 문제는 이러한 현상이 지방에 국한하지 않고 교외, 도심지로까지 확산하고 있다는 점이다. 2018년 일본 전체 빈집은 846만 채(13.6%)에 달했으며, 도쿄도의 빈집만 해도 80만9,000채로 전체의 10.6%를 차지한다. 대도시에서 빈집이 늘어나는 주된 이유는 고령화의 급속한 진행 때문이다. 특히 도쿄 지역의 고령자 수 증가 속도는 가파르다. 일본에서 빈집 문제는 더 이상 지방과 수도권 교외 지역만의 이야기가 아니라는 점에서 시사하는 바가 크다.

미국형 모델 vs 일본형 모델

일본의 셀프스토리지 산업을 면밀하게 들여다봐야 하는 이유가 한 가지 더 있다. 셀프스토리지 산업은 전 세계적으로 성장 중인 신산업이며, 현재로선 미국이 세계 최대 시장인 것은 분명하다. 하지만 시장의 형태와 운영 방식 등에서 미국과 일본의 모델은 상당한 차이를 보인다.

미국의 셀프스토리지는 넓은 황무지에 대규모로 지어진 창고형 형태가 중심이다. 사람이 상주하며 아날로그 방식으로 운영되는 경우가 흔하며, 이는 완전한 부동산 사업의 성격을 띤다. 미국에서는 픽업트럭에 짐을 싣고 외곽의 셀프스토리지에 물건을 보관하는 것이 이미 하나의 문화로 자리 잡았다. 넓은 국토와 여유로운 주거 환경이 이러한 모델을 가능하게 했다. 저렴한 임대료를 지불하고 창고를 대여하는 개념이 강한 미국에선 상대적으로 임대료가 저렴한 도시 외곽에 주로 분포돼 있다.

반면, 일본은 도심의 유휴 공간이나 노후한 건물을 효율적으로 활용하는 독자적인 발전 경로를 걸어왔다. 당연히 셀프스토리지는 사용자들이 쉽고 빠르게 접근할 수 있는 도심 내에 위치하는 경우가 많으며,

협소한 주거 공간과 높은 지가를 고려해 대부분 무인 시스템으로 운영된다. 그래서 일본의 셀프스토리지는 기본적으로 장치 산업의 성격을 띤다. 이는 초기 투자비용이 많이 들어가지만 일단 구축되면 운영 효율이 높음을 의미한다.

한국은 일본과 놀랍도록 유사한 사회적, 경제적 환경을 공유한다. 높은 도시화율, 1인 가구의 지속적인 증가, 협소한 주거 공간, 그리고 날로 심각해지는 상업용 부동산 공실 문제 등은 한국이 일본의 셀프스토리지 모델을 따를 수밖에 없는 필연적인 이유가 된다. 서울과 같은

미국과 한국의 셀프스토리지 분포 차이

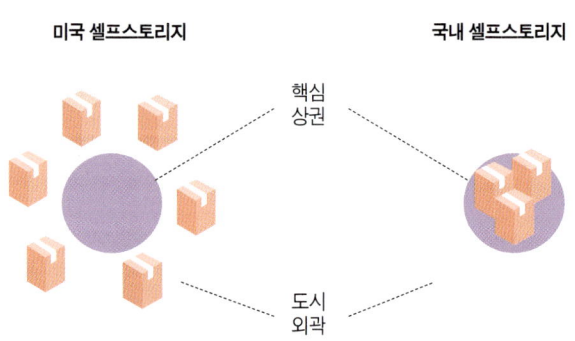

※ 미국은 도심 외곽, 한국은 핵심 상권에 주로 셀프스토리지가 분포돼 있다.

〈출처: JLL코리아〉

대도시의 주거비는 천정부지로 치솟고 있는 반면, 상업용 부동산의 공실률은 가파르게 상승하고 있어 유휴 공간의 효율적 활용이 절실한 상황이다. 그런 의미에서 우리가 맞닥뜨릴 셀프스토리지 시장의 미래 역시 일본을 통해 엿볼 수 있다.

2025년 1월, 4박 5일의 일정으로 방문한 일본의 거리 구석구석에서 이미 오랜 기간 축적된 일본의 경험과 시장 구조, 급변하는 사회적 환경 속에서 셀프스토리지가 어떻게 성장하고 진화해 왔는지를 생생하게 목도할 수 있었다.

불황 속에서 피어난 트렁크룸의 기적

일본 방문 첫날 도쿄 중심가에서 전철로 20분 거리에 위치한 주거단지 마고메(馬込)역에 내려 무작정 걷기 시작했다. 조용한 주택가 골목길을 따라 전형적인 일본 변두리의 차분한 풍경이 펼쳐졌다. 스마트폰으로 주변 '트렁크룸'을 검색해보니 놀랍게도 5km 반경 내에 16여 개의 셀프스토리지 지점이 검색됐다. 한국의 인구 밀집 지역에서도 쉽게 찾아볼 수 없는 밀도였다.

마고메 역 부근 5km 반경 내 트렁크룸

역에서 나와 걷는 동안 실제로 도로변과 길목 곳곳에서 셀프스토리지 간판을 쉽게 발견할 수 있었다. 매장 수도 많았지만, 규모와 형태도 다양했다. 무엇보다 셀프스토리지가 마치 편의점처럼 도시 공간에 너무나도 자연스럽게 녹아들어 있다는 점이 인상적이었다.

가장 먼저 눈에 띈 셀프스토리지는 정형외과 건물 2층 들어선 지점이었다(97페이지 왼쪽 사진). 사실 지도가 아니었다면 지나쳤을 법한 위치였다. 몇 걸음 더 걸어가니 큐라즈QURAZ 지점이 보였는데, 이곳은 심지어 3층 건물 전체가 큐라즈로 운영되고 있었다(97페이지 오른쪽

사진). 새로운 임차인을 구하지 못했거나 임차인의 잦은 교체로 인한 불안정성으로 고민해온 건물주는 셀프스토리지를 통해 안정적인 수익을 창출하는 쪽을 선택한 것으로 보인다. 공실로 인해 임대인이 겪는 고통이 한국의 이야기만이 아님을 현장에서 절감할 수 있는 장면이었다.

골목에서 흔히 볼 수 있는 트렁크룸

몇 발짝 더 걸어갔을까. 이번 방문에서 가장 인상 깊은 장면과 마주쳤다. 4차선 도로를 사이에 두고 마주 보고 있는 건물 두 동이 모두 셀프스토리지로 채워져 있는 모습이었다. 각각 5층과 7층 규모의 건물이었는데, 큐라즈와 헬로스토리지가 서로 경쟁하듯 들어서 있었다. 이는 해당 지역의 셀프스토리지 수요가 얼마나 큰지를 단적으로 보여주는 증거였다. 도쿄 중심부에서 지하철로 겨우 대여섯 정거장 벗어났을 뿐인데, 몇 걸음 걸을 때마다 셀프스토리지가 발견됐다.

도로를 사이에 두고 나란히 자리한 트렁크룸 건물. 건물 전체가 트렁크룸으로 채워져 있다.

헬로스토리지 매장 중에는 1층에 오토바이 보관소가 있는 곳도 있었는데, 낡은 건물을 활용하는 방식이 꽤 흥미로웠다. 건물을 부수고 리모델링하거나 새로 짓는 것은 막대한 비용과 시간이 들 뿐만 아니라 재건축 후에도 새로운 임차인을 구할 수 있다는 보장이 없어 현실적인 대안이 아니다. 결국, 건물주는 셀프스토리지가 가장 합리적인 해결책이라고 판단했던 것이다.

큰 도로변을 따라 무작정 걷다 보니 도심에서 조금 벗어난 외곽 지역이 나왔다. 이곳에서는 독특한 컨테이너 형태의 헬로스토리지 매장이 발견됐다. 활용도가 낮은 부지를 이용한 사례였다. 일본 도심 외곽에는 건축 허가가 복잡하거나 접근성이 애매해 활용되지 못하고 있는 땅들이 많다. 컨테이너형 셀프스토리지는 냉난방 시설이 다소 열악할 수 있지만, 저렴한 가격으로 짐을 보관하려는 수요를 충족시킬 수 있다. 특히 큰 짐을 보관하려면 도심보다는 외곽의 컨테이너형이 유리하다. 활용되지 않는 나대지나 놀고 있는 땅에 이동식 컨테이너를 설치해 셀프스토리지로 활용하는 방식은 건물뿐만 아니라 유휴 부지까지 셀프스토리지의 대상이 될 수 있다는 점을 명확히 보여준다.

도로를 사이에 두고 나란히 자리한 트렁크룸 건물. 건물 전체가 트렁크룸으로 채워져 있다.

컨테이너형태의 보관공간

4박 5일간 10만 보를 걸으며 일본의 셀프스토리지 산업이 이미 지역의 특성과 수요에 따라 유연하게 사업 모델을 적용하며 성숙한 시장의 단계를 보여주었음을 확인할 수 있었다. 이와 함께 한국 셀프스토리지 산업의 밝은 미래에 대한 확신은 더 단단해졌다.

통계 지표 역시 이러한 전망을 뒷받침한다. 도시화율은 일본(91.8%)과 한국(90.7%)이 거의 비슷하고, 국민소득은 이미 한국이 일본을 앞질렀다. 그러나 1인당 주거 면적은 2022년 기준 일본이 40㎡인데 반해 한국은 33㎡로 일본보다 훨씬 좁다. 반면 아파트 주거 비중은 일본(44%)보다 한국(76%)이 압도적으로 높다. 1인 가구 비율은 일본(35%)과 한국(35.5%)이 유사하지만, 셀프스토리지 시장 규모는 2023년 기준 일본이 약 9,000억 원인 반면 한국은 약 1,000억 원에 불과하다.

이러한 비교는 명확한 시사점을 던진다. 한국은 일본과 유사하거나 더 높은 도시화율과 1인 가구 비율, 그리고 훨씬 협소한 주거 공간과 높은 아파트 거주 비중을 가지고 있음에도 불구하고 셀프스토리지 시장 규모는 아직 초기 단계에 머물러 있다는 사실이다. 이는 곧 한국 셀

한국과 일본의 셀프스토리지 성장 요인 비교

한국		일본
90.7 %	도시화율(2021년 기준)	91.8%
$36,194	국민소득(2023년, GNI)	$35,793
33㎡	1인당 주거면적(2022년, ㎡)	40㎡
76%	아파트 주거 비중(2022년)	44%
18.3 %(수도권)	주택 임대료 비율(2022년, 소득 대비)	약 20~30%
35.5 %	1인 가구 비율(2023년)	약 35%
1,000억 원 예상	시장 규모(2023년)	9,000억 원

프스토리지 시장이 앞으로 일본과 같은 성장 궤도를 밟을, 엄청난 잠재력을 가지고 있다는 것을 의미한다.

좁은 주거 공간, 증가하는 1인 가구, 그리고 해결되지 않는 도심 공실 문제는 한국 사회의 피할 수 없는 현실이며, 셀프스토리지는 이러한 문제들을 동시에 해결할 수 있는 가장 현실적인 대안이다. 일본이 먼저 걸어간 길은 한국에게 시행착오를 줄여주고, 더 효율적인 시장 발전 전략을 수립할 수 있는 귀중한 참고 자료가 될 것이다.

더 이상 한국 부동산 시장은 과거의 영광에만 머물러 있을 수 없다. 새로운 시대의 변화에 발맞춰 공간의 가치를 재정의하고 효율적인 활용 방안을 모색해야 한다. 셀프스토리지야말로 바로 그 핵심적인 역할을 수행하며, 한국 부동산 시장의 새로운 성장 동력이 될 수 있다.

일본 골목 곳곳에서 확인한 것처럼 한국 역시 조만간 도심 곳곳에서 셀프스토리지를 흔하게 찾아볼 수 있는 시대가 올 것이라고 확신한다. 이는 단순한 공간 임대업을 넘어 개인의 라이프스타일을 풍요롭게 하고 도시 공간의 효율성을 높이는 중요한 산업으로 자리매김할 것이다. 한국 셀프스토리지 산업의 압축 성장은 이제 막 시작됐고, 그 파고가 거대할 것임은 분명하다.

**SELF
SERVICE
STORAGE**

저기 멀리서 한 남자가
커다란 플라스틱 박스를 들고 나타났다!
한 눈에도 그가 아이엠박스 남성훈 대표임을 알 수 있었다.
'박스의 실제 크기를 보여주고 싶어 들고 나왔다'는
그에게서 자신이 하고 있는 일이 자랑스럽고,
매우 즐겁게 일하고 있다는 인상을 받았다.
이 박스는 도대체 뭐에 쓰이는 박스일까.
그와 그의 회사는 어디에서 기회를 찾은 것일까.

- 임원기 〈스터넷 ㅅ사이드〉 2014. 7. 15

CHAPTER 3

한국 시장의 기회와 과제

1. 셀프스토리지 개척자들의 도전과 실험
2. 지하창고에서 시작된 아이엠박스의 꿈
3. 공간 비즈니스의 새로운 공식을 쓰다
4. 급변하는 한국 셀프스토리지 시장의 지형도
5. 해소되는 규제 이슈

〈Tech column〉
기술과 만난 비즈니스 인텔리전스
: 미래 스마트 셀프스토리지가 있는 풍경

셀프스토리지 개척자들의
도전과 실험

불과 몇 년 전까지만 해도 한국에서 셀프스토리지는 낯설거나 오해받기 쉬운 개념이었다. 대부분의 사람들에게 창고란 산업 현장의 부속 공간이거나 이사할 때 잠깐 짐을 보관하는 용도의 컨테이너 정도로 여겨졌다. '짐 보관'이라는 행위가 일상적이고 반복적인 서비스가 될 수 있다고 믿는 사람은 드물었다. 그러나 바로 그 틈새에서 새로운 가능성을 포착하고 공간을 새롭게 정의하기 시작한 이들이 있었다.

2010년대 중반 한국의 셀프스토리지 스타트업 생태계가 기지개를 켜기 시작했다. 실리콘밸리에서 혁신적인 공유경제 모델이 유입되고, 창업이라는 단어가 더 이상 낯설지 않던 이 시기, 유독 생소하고 낯선 영역에서 미래를 그리던 이들이 바로 셀프스토리지라는 개념을 한국에 심으려 했던 초창기 스타트업들이다. 이들은 이 작은 씨앗이 한국 사회에서 거대한 숲을 이룰 것으로 확신했다.

2015년 조용히 시장의 문을 연 아이엠박스를 시작으로 이듬해인 2016년에는 세컨신드롬이 '다락'이라는 브랜드명으로 등장하며 본격적으로 시장의 이목을 끌었다. 이후 큐비즈코리아, 알파박스, 편한창고, 박스풀 등의 스타트업이 잇달아 등장했고, 해외 기업인 스토어허브, 엑스트라스페이스도 국내 법인을 설립하며 한국 셀프스토리지 산업의 서막을 열었다.

낯선 개념과의 씨름, 그리고 첫 발자국

이 가운데 다락은 한국 셀프스토리지 시장에 큰 활력을 불어넣으며 초기 시장을 이끈 주인공이다. 업계 최초로 투자 유치에 성공하며 당시 생소했던 셀프스토리지라는 비즈니스 모델의 시장 잠재력을 증명했다. 2019년 12월 카카오벤처스, SBI인베스트먼트로부터 시리즈A 투자를 유치한 데 이어, 2021년 3월에는 KTB네트워크, 코리아오메가투자금융, 퀀텀벤처스, 원익투자파트너스 등 유수의 투자 기관으로부터 100억 원 규모의 투자를 추가로 유치했다. 지금까지 누적 투자금은 170억 원을 넘어선다.

대규모 투자가 가능했던 결정적인 요인 중 하나는 공동창업자인 홍우태 대표와 김정환 이사의 증권사 애널리스트로서의 화려한 경력이었다. 홍 대표는 셀프스토리지 시장의 잠재력을 숫자로 읽어내고, 이를 설득력 있는 비즈니스 모델로 제시하는 데 탁월한 능력을 발휘했다. 단순히 공간을 임대하는 것을 넘어 데이터를 기반으로 수요가 높은 입지를 찾아내고, 자동화된 무인 운영 시스템으로 효율성을 극대화하는 다락의 전략은 투자자들에게 깊은 인상을 주었다.

"다락은 '공간의 아웃소싱'으로 거주 공간의 일부를 외부화해 제한된 주거 면적을 더욱 효율적으로 활용할 수 있게 돕는다. 단순한 물건 보관을 넘어 실질적인 주거 면적의 확장을 도모한다."

홍우태 대표가 언론을 통해 명확하게 밝힌 이 비전은 미니창고 '다락'이 단순한 창고업이 아닌 현대인의 주거 문제를 해결하는 라이프스타일 플랫폼임을 보여주는 대목이다.

다락은 창업 초기 주로 도심의 접근성 좋은 공간, 특히 역세권이나 주거 밀집 지역에 지점을 열며 시장을 개척했다. 아파트나 오피스텔에 거주하는 1~2인 가구, 신혼부부, 혹은 재택근무로 인해 공간 부족을 느끼는 고객을 주요 표적으로 삼았다. 계절 용품(스키 장비, 캠핑 용품), 취미 장비(자전거, 골프 클럽), 이사와 리모델링용 임시 보관 등 현실적인 수요를 정확히 겨냥했고, 추억이 담긴 개인 소장품 등을 안전하고 쾌적하게 보관할 수 있는 공간으로 포지셔닝하며 젊은 층의 수요를 흡수하고자 노력했다.

다락은 기존의 낡고 어두운 창고 이미지를 완전히 벗겨냈다. 현대적이고 세련된 인테리어, 밝고 쾌적한 환경, 깔끔한 카페나 스튜디오를 연상시키는 디자인은 셀프스토리지가 더 이상 음침한 보관 장소가 아니라 트렌디한 공간이라는 인식을 심어주기에 충분했다. 특히 젊은 층을 대상으로 마케팅을 펼치며 셀프스토리지가 개인의 라이프스타일을 보완하는 '프리미엄 보관 서비스'라는 인식을 심어주는 데 결정적으로 기여했다. 수도권을 중심으로 운영하던 다락은 최근 강원, 충청, 전라, 경상 등 지방으로 지점을 확대해 2025년 8월 기준으로 전국에 182개의 지점을 보유하고 있으며, 회원 수는 8만 명에 달한다.

각자의 방식으로 시장을 두드린 기업들

세컨신드롬이 시장의 물꼬를 트는 동안, 다른 스타트업들은 각자의 방식으로 시장의 틈새를 공략하며 새로운 가능성을 탐색했다. 이들은 상대적으로 부족한 자본력과 낮은 인지도를 극복하기 위해 아이디어와 유연성으로 승부했다.

큐비즈코리아가 운영하는 '큐스토리지'는 공간을 유연하게 설계하는 데 집중했다. 고객이 원하는 크기만큼 유닛을 선택할 수 있도록 하고, 소형부터 대형까지 다양한 유형의 보관 공간을 제공해 자취생, 프리랜서, 자영업자, 온라인 셀러 등 다양한 고객층을 확보하려고 노력했다. 특히 큐스토리지는 2020년 3월 NHN으로부터 40억 원의 투자를 유치하며 잠재력을 인정받았다. 이는 다락에 이어 초기 셀프스토리지 시장에 투자자들의 관심이 커지고 있음을 보여주는 중요한 신호였다. 큐스토리지는 특정 지역의 잠재 수요를 면밀하게 분석해 전략적인 지점 확장을 시도했다. 하지만 현재까지 지점 수는 16개에 그치고 있고, 대부분 수도권에 집중돼 있어 확장성에선 한계를 드러내고 있다.

이외에도 박물관에 쓰이는 특허 자재를 사용해 온습도에 민감한 물품까지 보관할 수 있다는 점을 차별화 포인트로 내세운, 코스닥 상장사 시공테크의 셀프스토리지 브랜드 '편안창고'를 비롯해 알파박스, 도심속창고 등의 기업들이 저마다 차별화 전략을 내세우며 잇달아 등장했다. 이들은 선진화된 운영 방식을 도입해 사용자 경험을 혁신하고자 노력했다. 자동화된 무인 시스템을 통해 24시간 언제든 자유롭게 접근할 수 있도록 했고, 최적의 온습도 관리 시스템을 갖춰 물품의 손상을 최소화했다. 여기에 24시간 CCTV 모니터링과 보안 시스템을 강화해 고객의 신뢰를 얻는 데 주력했다. 일부 기업은 고객이 직접 창고에 방문할 필요 없이 짐을 수거하고 다시 가져다주는 온디맨드 on-Demand 방식 서비스로 차별화를 꾀했다.

이들의 공통점은 창고에 대한 기존의 이미지를 완전히 벗겨내고, 공간에 대한 새로운 '해석'을 부여했다는 점이다. 기존의 비좁고 어둡고 먼지가 많은 공간이 아니라 도시인의 삶을 정리해주는 하나의 연장선으로 셀프스토리지를 제안했다.

높았던 인식의 벽

하지만 모든 실험이 성공적이었던 것은 아니다. 한국 셀프스토리지 시장의 태동기는 그야말로 '실험과 시행착오'의 연속이었다. 초기 스타트업이 직면했던 가장 큰 과제는 '낯섦'이었다. 사람들에게 셀프스토리지는 지나치게 생소했다.

"셀프스토리지가 대체 뭐야?"

지금도 흔하게 듣는 질문이다. 기업들은 셀프스토리지가 '왜 필요한지'를 설명하는 데 많은 시간을 할애해야 했다. 셀프스토리지가 단순히 짐을 쌓아두는 물리적인 공간이 아니라 주거 공간의 한계를 보완하고 삶의 질을 높이는 라이프스타일 솔루션이라는 점을 설득하는 것은 쉽지 않은 일이었다. 소비자 인식은 낮았고, 셀프스토리지의 유용성에 대한 공감도는 현저히 부족했다.

"굳이 돈을 주고 창고에 물건을 맡겨야 하나 생각했는데, 생각보다 괜찮았습니다. 제일 좋았던 건 보관으로 인해 공간의 자유를 얻었다는 점입니다. 짐을 다 집에 갖고 있었다면 방을 제대로 활용하지 못했을 거 같습니다."

유튜브 동영상에 올라온 셀프스토리지 사용자의 이 후기는 국내 소비자들이 여전히 가격에 대한 부담감과 창고 사용에 대한 생소함을 느끼고 있음을 보여준다.

건물주의 인식 장벽도 존재했다. 기존 상가 임차인을 구하듯 '테넌트'를 상상했던 임대인들에게 셀프스토리지는 낯선 수요처였다. 게다가 새롭게 설비를 구축하는 데는 초기 자본이 든다. 아직 수요가 증명되지 않은 시장에서 시설 투자에 선뜻 나서기란 쉽지 않았을 것이다.

스타트업 입장에서도 시행착오의 연속이었다. 규모의 경제를 달성하기 전까지는 수익이 나기 어렵고, 지점 확장에는 임대차 계약과 인테리어, 장비 투자 등 초기 고정비가 많이 들었다. 어떤 기업은 도심이 아닌 외곽으로 갔다가 수요 부족으로 철수했고, 어떤 기업은 너무 고가의 공간만 선택하다가 회수율 악화로 사업을 접었다. 시장의 성격도, 고객의 행동도, 투자자의 눈높이도 불확실했다.

어쩌면 너무 당연한 결과였다. 셀프스토리지에 대한 명확한 정의도, 표준화된 서비스 모델도 없던 시절이었다. 시장의 불확실성, 예측을 뛰어넘는 낮은 인지도, 그리고 초기 고객 유치 비용의 한계는 많은 초기 기업들에 큰 부담으로 작용했다.

사업 운영 측면에서도 초기에 미숙함을 드러내 이용자들로부터 신뢰를 잃는 사례도 있었다. 지금도 그렇지만 셀프스토리지 사업 초기엔 지하공간을 이용하는 경우가 많았다. 물품을 보관하는 서비스인 만큼 '물'로부터 안전성이 확보돼야 한다. 실제로 장마철에 습도 관리가 제대로 이뤄지지 않아 고객이 맡겨둔 겨울용 패딩 점퍼에 곰팡이가 피어 문제가 발생한 적도 있다.

다락도 사업 초기 건물 수도 배관이 동파돼 큰 손해를 입었고, 무려 8개월 동안 신규 출점을 멈추고 문제 해결에 나서야 했다. 이 일을 계기로 다락은 신규 출점 시 건물 수도관 위치 등을 모두 파악하고 IoT 센서를 설치해 같은 문제가 재발하더라도 빠르게 대처할 수 있는 시스템을 구축했다.

하지만 이 모든 실패와 실험은 분명 시장에 자양분이 됐다. 사람들의 인식이 바뀌기 시작했고, 투자자는 하나둘씩 관심을 갖기 시작했으며, 무엇보다 고객 스스로 셀프스토리지를 찾기 시작했다. 그리고 그 기저에는 낯선 개념에 끊임없이 도전했던 개척자들의 노력이 있었다.

지하창고에서 시작된
아이엠박스의 꿈

"지도는 없다. 그리고 길을 찾는 것도 쉽지 않을 것이다. 우리는 새로운 것을 창조해야 하며, 이는 곧 실험이 필요하다는 것을 의미한다."

아마존 창업자 제프 베이조스Jeff Bezos가 직원들에게 한 이 말처럼 셀프스토리지 시장 개척기는 그야말로 미지의 탐험이었다. 아이엠박스 역시 그 미지의 영역 한가운데서 길을 찾고 있었다. 분명한 건 단 하나, '이 길로 나아가야 한다'는 확신과 절박함뿐이었다.

그 혼돈의 한복판에서 나는 2022년 겨울, 네이버 개인 블로그에 글 하나를 올렸다. 그해 가을부터 매출이 급락하며 생존을 걱정해야 할 정도로 회사 내에 위기감이 팽배해 있을 때였다. 직원 대부분을 내보

낸 뒤 운영비를 아끼기 위해 홀로 카페에 앉아 마지막이라는 심정으로 마음을 꾹꾹 눌러 담아 글을 썼다.

"공실 문제로 고민이신가요? 임대인이 시설비를 부담하고 아이엠박스가 운영해 수익을 나누는 새로운 셀프스토리지 모델을 제안합니다."

이 글이 아이엠박스의 운명을 바꿨다. 당시 13개에 불과하던 지점 수는 빠르게 늘어나 1년여 만인 2024년 100호 점을 돌파했고, 이후 가파르게 성장해 2025년 7월 현재 150호점을 운영 중이다. 전체 지점의 90%가 2023년 이후 계약됐다. 2022년 12월 4일 공실로 신음하는 임대인에게 새로운 솔루션을 제안하는 이 글이 없었다면 아이엠박스는 시장 초기에 들어와 거름이 되고 사라진 수많은 셀프스토리지 기업 중 하나가 됐을 것이다.

반지하 65평에서 시작된 첫 실험

그렇다면 왜 셀프스토리지였을까? 이 질문에 답하기 위해선 시간을 조금 더 거슬러 올라가야 한다. 셀프스토리지 사업은 단순한 비즈니스 모델이 아니라 내가 오랜 시간 품어왔던 꿈의 연장선이었다.

2009년 대학교 4학년이던 나는 코이카KOICA 해외 봉사 프로그램에 참여해 캄보디아로 떠났다. 현지에서 IT 교육 봉사를 진행할 수 있었고, 이 과정에서 한국과 개발도상국 간의 정보 격차를 직접 체감했다. 이 경험은 졸업 후 사회에 의미 있는 기여를 하고 싶다는 포부로 이어졌다.

하지만 막연한 이상만으론 현실을 헤쳐 나가기 어려웠다. 졸업 후 처음 도전한 사업은 디자이너와 디자인 수요자를 연결하는 플랫폼이었다. 그러나 첫 창업은 제대로 시작도 해보기 전에 끝이 났다. 사업에 대한 경험이 없었던 데다 절실함마저 부족했던 탓에 실패할 수밖에 없었다. 수요자와 공급자 어느 쪽도 플랫폼을 지탱할 수 있는 규모에 이르지 못했고, 사업은 빠르게 막을 내렸다.

하지만 여기서 멈추지 않았다. 곧이어 IT 기반의 모바일 애플리케이션 개발로 방향을 바꿨다. 교육용 영어 학습 앱을 개발해 한때 국내 영어 앱 중 1위에 오를 정도로 성과를 냈지만, 결국 수익 모델의 한계에 부딪혀 사업을 접어야 했다.

두 번의 시행착오 끝에 나는 중요한 깨달음을 얻었다. 첫째, 온라인 비즈니스는 막대한 자금 투입 없이는 지속되기 어렵다는 것, 둘째, 일정한 현금 흐름이 유지되는 안정적인 비즈니스 모델이 필요하다는 것이었다. 그리고 마지막으로 성공적인 비즈니스는 온라인과 오프라인의 결합에서 가능하다는 것이었다.

이런 깨달음을 얻었을 때쯤, 해외에서 급성장하고 있는 새로운 공간 사업 모델인 셀프스토리지라는 낯선 개념을 접했다. 당시만 해도 '공유 창고'라 불렸던 이 모델을 처음 접했을 때 오래된 기억 하나가 문득 떠올랐다. 대학 졸업 후 취업 준비를 하던 시절, 자취하던 원룸 계약이 끝나 잠시 친구 집에서 신세를 지게 됐다. 취업을 하면 회사 근처에 방을 얻을 생각이었는데, 취업이 늦어지면서 두세 달이 훌쩍 지나가고 있었다. 친구 눈치가 보여 짐 세 박스를 맡기곤 친구의 집에서 몸만 빠져나왔다. 그것도 잠시, 시간이 길어지니 친구로부터 "왜 빨리 짐을 찾아가지 않냐."고 독촉이 오기 시작했다. 그때 문득 이런 생각이 들었다.

'이 짐을 잠시 맡아둘 공간이 있다면 얼마나 좋을까? 분명 나와 같은 니즈를 가진 사람이 또 있을 텐데.'

지금 돌이켜보면, 이 사소한 불편함에서 어렴풋이 한국 셀프스토리지 사업의 씨앗을 발견했던 것 같다. 두 번의 창업을 거듭하며 바쁘게 성공과 실패를 오가는 사이 까마득히 마음 저편에 묻어 두었던 기억이 떠오름과 동시에 이미 나는 세 번째 도전을 시작하고 있었다.

아날로그 창고 보관업에서 온디맨드 서비스로

2015년 서울 송파구 삼전동 반지하에 65평짜리 지하 창고를 얻었다. 보증금 1,000만 원에 시설비 1,000만 원. 가진 돈을 전부 털어 넣어 창고를 꾸몄다. 인테리어라고 할 것도 없이 페인트도 칠해져 있지 않은 시멘트 벽과 바닥에 선반 몇 개 덜렁 설치한 것이 전부였다. 2호선 잠실새내역 뒤편 햇빛도 잘 들지 않고 인적도 드문 주택가 안쪽이었다. 여기가 아이엠박스의 출발점이었다.

지금의 서비스와 비교하면 1세대 서비스는 그야말로 '아날로그 방식의 창고 보관업' 수준이었다. 고객이 택배로 보내준 짐을 받아 선반이나 캐비닛에 보관하다가 고객이 원할 때 다시 택배나 용달차로 물건을 보내주는 방식이었다. 고객과는 주로 카톡이나 문자로 소통했다.

짐을 받고 보내는 것 외에는 딱히 할 일이 없다 보니 회사에 출근해 게임을 하고 탁구를 치며 시간을 보내기도 했다. 봉이 김선달이 따로 없었다.
'이렇게만 계속 짐이 오면 금방 사업이 커지겠는걸.'
창고가 채워지는 속도가 빨라지자 나는 꿈에 부풀었다.

홍보의 필요성을 느낀 나는 당시 유망 스타트업을 발굴해 소개하던 임원기 기자(현재 카카오 홍보실장)에게 메일을 보냈다. '셀프스토리지 아이엠박스 한국 상륙'이라는 거창한 제목을 붙여 메일을 보내면서도 사실 큰 기대는 하지 않았다. 그런데 임원기 기자로부터 연락이 왔다. 듣도 보도 못한 작은 기업이었지만 임원기 기자는 '셀프스토리지'라는 생소한 개념에 관심을 보여주었다.

인터뷰의 효과는 대단했다. 임원기 기자의 페이스북에 기사가 노출되자마자 수십만 명이 조회를 했고, 덕분에 아이엠박스의 이름이 조금씩 알려지기 시작했다. 자취생, 1인 가구 등 예상보다 많은 사람들이 짐을 맡겼다. 65평 반지하 공간이 가득 차는 데 걸린 시간은 불과 6개월.

아이엠박스 1호점의 모습. 반지하 공간에 선반을 설치한 게 전부였다. 지금과는 확연하게 다른 초기 모습을 볼 수 있다.

그런데 공간이 꽉 차니 더 이상 할 일이 없었다. 2호점에 투자하려면 자금이 필요했지만, 직원들 월급과 임대료를 내고 나니 남는 돈이 없었다.

돌파구를 찾고자 2016년 2월 이삿짐 보관 서비스를 시작했다. 당시 이삿짐과 보관업을 함께 하는 기업은 없었다. 이사는 영세업자, 보관은 자금 여력이 있는 사업자들이 하는 영역이었다. 1~2인 가구를 위한 이삿짐 업체로 차별화를 꾀했지만, 혹독한 시행착오를 남기고 폐업 수순을 밟았다.

하지만 포기하지 않았다. 아이엠박스는 다시 셀프스토리지라는 본업으로 복귀했다. 서비스도 발전시켰다. 아날로그 방식의 짐 보관 서비스는 배송(운반)을 기반으로 한 2세대 서비스로 진화했다. 2016년부터 2022년까지 우리는 고객을 직접 찾아가 짐을 픽업하고 보관했다가 고객이 원할 때 가져다주는 온디맨드On-demand 서비스, 즉 도어-투-도어Door-to-Door 서비스를 제공했다. 물론 이때도 여전히 소형 박스 위주였다.

빠르진 않았지만 지점 수는 차근차근 늘었다. 지점 수가 10개를 넘어가면서 배송 서비스를 요구하는 고객이 줄어들기 시작했다. 왜일까?

이유는 단순했다. 지점이 고객의 집 가까이 생기면서 굳이 복잡한 배송 서비스를 이용할 필요가 없어진 것이다.

이때부터 아이엠박스는 비로소 진정한 셀프스토리지 방식인 3세대 서비스로 완전히 전환했다. 고객이 직접 짐을 맡기고 직접 찾아가는 방식이다. 배송 일정을 조율할 필요도 없고, 현관 비밀번호를 노출해야 하는 불편함이 없어지자 셀프스토리지에 대한 고객들의 심리적인 문턱은 낮아졌다. 장기간 짐을 맡기는 고객들은 저렴한 곳을 선호하기에 조금 멀리 가더라도 직접 방문하는 방법을 택했다.

표면적으로는 성장 가도를 달리는 듯 보였지만 실상은 그렇지 않았다. 2022년 9월부터 예고 없이 매출이 20~30% 급락하며 사내에 심각한 위기감이 돌기 시작했다. 모든 마케팅 채널을 동원해도 반응은 없었다. 원인을 알 수 없기에 처방도 불가능했다. 그런 상황에서 고정적으로 지출되는 임대료와 인건비 부담은 숨통을 조여왔다. 매달 적자가 쌓여가기 시작했고, 이대로는 회사가 버틸 수 없다는 현실이 명확해졌다. 결국 구조조정이라는 고통스러운 결정을 내려야 했다. 함께 회사를 일궈온 3명을 제외한 나머지 직원들과는 작별 인사를 나눴다. 세상으로부터 배신을 당한 듯한 막막한 시간이었다.

아침이 오기 전 새벽이 가장 어둡다고 했던가. 그 절망의 끝에서 블로그 글 하나가 새로운 출발점이 되어주었다.

공간 비즈니스의
새로운 공식을 쓰다

'성장 없인 생존도 없다'는 절박한 심정으로 올린 블로그 글에 반응이 온 건 불과 며칠 후였다. 블로그에 공개한 휴대폰으로 낯선 번호의 전화가 걸려 왔다. 인천 남동구 도심 오피스텔 상가 2층의 40평 공간을 시세보다 저렴한 1억 원에 경매로 낙찰받았지만 2년간 임차인을 구하지 못한 임대인이었다. 너무 빠른 반응에 놀라면서도 한편에서는 반신반의하는 마음으로 바로 약속을 잡고 건물이 있는 인천으로 날아갔다. 실제로 가보니 상황이 녹록지 않았다. 싼 가격에 낙찰받은 이유가 있었다. 찾기도 힘든 건물 구석에 자리한 공간의 내부는 사람의 손길이 닿지 않은 흔적이 역력했다.

계약은 첫 미팅이 있던 날 일사천리로 진행됐다. 오랫동안 비워둔 애물단지 공간이 드디어 쓸모를 찾았다는 안도와 낯선 비즈니스 모델에 대한 불안감이 뒤섞인 묘한 분위기 속에서였다. 하지만 바로 다음 날 계약은 예상치 못한 벽에 부딪혔다. 휴대전화 너머로 들려오는 임대인의 음색이 심상치 않았다.

"아내가 반대를 심하게 해요. '셀프스토리지가 뭐냐, 그냥 창고를 한다는 거냐, 지금 사기당한 거 아니냐'고 하는데, 이를 어쩌죠?"

하지만 이미 계약금을 입금했던 터라 나는 임대인에게 조금 더 생각해 볼 것을 권했다. 그리고 곧바로 임대인으로부터 다시 연락이 왔다.

"아내가 직접 눈으로 확인해봐야겠다네요. 실제 운영 중인 곳을 저희에게 보여줄 수 있나요?"

약속한 날 아이엠박스의 한 지점 앞에 부인과 함께 나타난 임대인을 보고 나는 내 눈을 의심했다. 임대인의 손에는 사다리가 들려 있었다. 고객 짐이 들어 있는 박스 내부를 열어서 보여줄 수는 없다고 했더니 그 위라도 들여다보겠다는 얘기였다. CCTV 화면 속에서 두 부부가 사다리를 오르며 보관함 위를 하나하나 확인하는 장면이 지금도 잊히지 않는다. 뭔가 우스꽝스러우면서도 그 장면에서 유독 시선을 끌었던 것은 두 부부의 절박한 표정이었다.

그 장면을 지켜보며 나는 확신했다.

'지금 눈앞에 벌어지는 이 장면이, 단지 창고를 운영한다는 개념이 아닌, 진짜 비즈니스 모델이 될 수 있겠다.'

그렇게 아이엠박스의 첫 '비전형 임대차' 계약 지점이 14호점으로 정식 오픈했고, 이 지점을 기점으로 아이엠박스는 전혀 새로운 방향으로 길을 틀었다.

세상을 이롭게 할 상생 모델의 탄생

그렇다면 14호점은 이전과 무엇이 달랐을까? 이전까지 아이엠박스는 전형적인 공간 임대 방식으로 셀프스토리지를 운영했다. 직접 공간을 임대해 리모델링하고 보관함을 설치한 후 고객을 유치하는 모델이다. 한마디로 운영자가 임대료를 부담하고 시설도 직접 투자한 뒤 고객으로부터 사용료를 받아 수익을 올리는 구조다. 당연히 초기 자본이 많이 들고, 공간이 채워질 때까지 기다려야 하는 리스크도 있다. 자본이 풍부하다면 이 방식이 초기에 빠르게 지점을 늘리기엔 좋지만, 아이엠박스와 같은 신생 기업이나 소기업은 자금의 압박으로 확장성이 한계에 부딪힐 수밖에 없다. 실제로 많은 셀프스토리지 스타트업이 이 고비를 넘기지 못하고 사라졌다.

14호점은 기존과 전혀 다른 비즈니스 모델이다. 핵심은 이렇다. 임대인이 공간과 시설 비용을 부담하고, 아이엠박스가 그 공간을 운영해 양자가 수익을 나누는 방식이다. 운영으로 올린 매출의 일정 비율을 임대료 형식으로 임대인에게 지급하는 방식인데, 고정 임대료가 아니라 '매출 연동형 임대료' 구조인 셈이다. 실제로는 순수익의 약 80%를 임대인에게 지급한다. 초기 시설비는 임대인의 몫이지만, 이후 아이엠박스가 모든 운영을 책임지기 때문에 별도의 인건비나 추가 비용이 거의 없다. 보관함 제작, 고객 응대, 예약 시스템, 마케팅까지 모두 아이엠박스가 책임진다.

이 구조는 임대인과 아이엠박스 양쪽 모두에게 이득을 줄 수 있다. 아이엠박스는 초기 자금 부담을 줄이면서 지점을 확대할 수 있고, 공실 문제에 시달리던 임대인으로선 시설비만 투자하면 수익 0이었던 공간을 '수익 창출형 공간'으로 탈바꿈시킬 기회를 얻을 수 있다. 한마디로 초기 투자비용과 리스크를 양자가 나누는 상생 구조다.

비슷한 비즈니스 모델로 스타벅스를 들 수 있다. 스타벅스는 세계 주요 도시에서 '매출 연동형 임대료'percentage rent 계약을 맺는다. 일정 수준의 기본 임대료에 더해 매출이 특정 금액을 넘기면 추가로 매출의 일정 비율을 임대인에게 지급하는 방식이다. 이는 특히 상권이 불확실한 지역에서 많이 활용된다. 매출이 늘어야 수익도 늘어나니 임대인 입장에서도 공간 활성화에 관심을 갖게 되는 구조다.

이 비즈니스 모델이 처음부터 널리 받아들여진 건 아니다. 부동산 시장은 폐쇄적이고 보수적이기로 유명하다. 그래서 평판이 전부라고 해도 과언이 아니다. 우리가 제안한 비즈니스 모델은 그때까지 한국에는 없었던 새로운 구조였다. 하지만 그 생경함 덕분에 오히려 이목을 끌었다. 이 모델이 작동하기 위해 필요한 건 단 하나. 신뢰였다. 임대인에게도, 고객에게도.

셀프스토리지가 공실 문제를 해결할 대안으로 떠오르고 있다.
입지에 구애받지 않고 완전 무인화로 인건비 부담이 없어
임대인에게 안정적인 수익원이 될 수 있다.

하지만 한 번 계약이 체결되고 실제 수익이 발생하기 시작하자 분위기는 달라졌다. 14호점을 오픈하고 몇 달 후 수익률이 예상을 넘기자 임대인의 표정이 달라졌다. 죽어 있던 상가가 아니라 수익을 창출하는 공간이 된 덕분이다. '사다리를 들고 창고 안을 확인하던' 임대인의 회의적인 시선도 이제는 긍정적 입소문으로 바뀌었다.

임대인 네트워크를 중심으로 셀프스토리지 모델이 부동산 시장에서 점점 신뢰를 얻어가자 이후 계약은 눈에 띄게 늘었다. 입소문이 나면서 공실을 걱정하던 상가 임대인들이 먼저 연락해오기 시작했다. 2023년 3월 한 달 동안에만 11개 지점과 계약을 체결했다. 2016년부터 2022년까지 7년간 13개 지점을 내는 데 그쳤던 것과 비교하면 괄목할 만한 성장이다. 경기도 안양시 인덕원역 근처에 자리한 지식산업센터 '더리브 디 하우트'의 경우 건물 내 16명의 임대인이 17개 호실을 동시에 계약하는 일도 있었다. 서울 강서구 신월동에선 장기간 공실로 방치된 3층 건물 전체를 아이엠박스 지점으로 운영해 안정적인 수익을 창출하는 것은 물론이고 건물 이미지를 쇄신하는 부수적인 성과도 거두고 있다.

새로운 비즈니스 모델은 두 개의 위기가 만나 탄생했다. '공실 지옥'이라 불리는 한국 상업용 부동산 시장의 위기와 성장의 길목에서 방향을 잃고 헤매던 스타트업의 데스밸리가 만난 지점에서 비전형 임대차

아이엠박스의 비전형 임대차 비즈니스 모델

임대인(건물주) - 자산 소유
- 보관 서비스 운영을 위한 시설비 임대인 지불(온라인 + 오프라인 시설 비용)
- 안정적인 수익원 + 공간 경쟁력 향상 + 자산 가치 상승

아이엠박스 - 서비스 운영
- 보관 서비스 운영 및 보관 서비스 매출 수익 쉐어
- 순이익의 약 80%를 임대료로 지급(아이엠박스 운영 수수료 20%)

⇨ 장기간 방치돼 있던 공실이 셀프스토리지로 변신한 모습.

다세대주택이 밀집한 서울 강서구 신월동 주택가 골목에 들어선 아이엠박스 지점. 3층 건물 전체가 셀프스토리지로 운영 중이다. 잦은 임차인 교체와 공실 리스크 모두를 해결할 수 있다는 점에서 임대인에게는 안정적인 수익원을 제공한다.

모델이 탄생했다. 이 새로운 비즈니스 모델은 아이엠박스를 다시 일으켜 세운 '재설계된 공간 비즈니스'의 출발점이 됐다.

이제 아이엠박스는 단지 창고를 빌려주는 기업이 아니다. 임대인과 수익을 나누고, 공간의 가치를 함께 회복해가는 파트너가 됐다.

국내 셀프스토리지 지점 수 추이와 전망

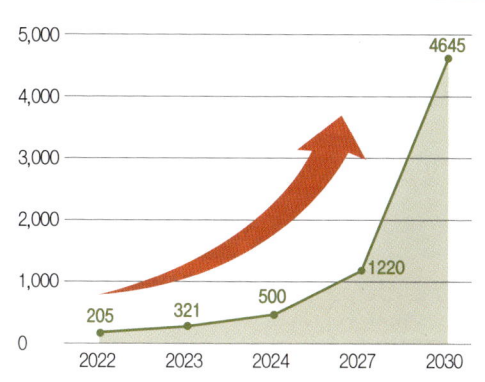

아이엠박스 지점 수

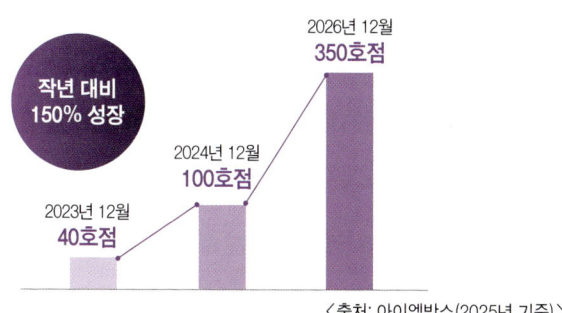

〈출처: 아이엠박스(2025년 기준)〉

급변하는 한국 셀프스토리지 시장의 지형도

어떤 시장이든 태동기를 거쳐 성장기에 진입하면 고유한 특징과 징후를 드러낸다. 초기에는 소수의 개척자들이 불확실성 속에서 각자의 방식으로 씨앗을 뿌리며 시장의 가능성을 탐색한다. 이 시기에는 하나의 명확한 비즈니스 모델보다는 다양한 실험이 난무하고, 때로는 혼돈스럽기까지 하다. 하지만 점차 시장의 파이가 커지고 수요가 가시화되면, 각자의 강점을 내세운 플레이어들이 등장하며 비즈니스 모델이 다변화된다. 경쟁이 심화하면서 효율성과 차별화를 위한 다양한 전략이 모색되고, 옥석이 가려지면서 산업 전반의 성장으로 이어진다.

현재 한국 셀프스토리지 시장이 바로 그런 시기의 초입에 와 있다.

시장에 참여하는 기업들은 각자의 강점과 시장 전략에 따라 차별화된 비즈니스 모델을 선보이며 치열하게 공간을 둘러싼 경쟁을 벌이고 있다. 어떤 기업은 브랜드를 앞세우고, 어떤 기업은 공간 소유에 집중하며, 또 어떤 기업은 기존의 룰을 뒤흔드는 방식으로 시장을 재정의한다.

실제로 최근 기업들은 특정 품목을 전문적으로 보관할 수 있는 특화 서비스도 선보이고 있다. 보관이 까다로운 와인이나 미술품 보관 서비스가 대표적인 예다. 스토어허브는 와인 보관에 가장 적합한 온도인 13°C와 습도 65~75%를 항시 유지하는 '와인뱅크'를 선보였다. 햇빛을 차단하고 LED 조명을 통해 최상의 조건에서 와인을 보관한다는 점을 마케팅 포인트로 내세웠다.

아토리지의 미술품 보관 서비스도 눈여겨볼 만하다. 미술품 전문 배송 업체와 협력해 운반부터 보관까지 전 과정을 철저히 관리하며 고객 요구에 따라 작품 판매를 대행하기도 한다. 판매를 위해 고객 작품을 전시할 수 있는 공간도 갖추었으며, 고객이 원할 경우 작품 대여도 대신 진행해준다.

이러한 차별화 전략은 시장의 건전한 발전을 이끌고, 소비자들에게는 더 넓은 선택지를 제공하며, 임대인들에게는 유휴 공간 활용에 대한 다양한 솔루션을 제시하는 긍정적인 신호다. 이제 셀프스토리지는 어떤 방식으로 공간을 확보하고 운영하느냐에 따라 기업의 전략과 철학을 드러내는 영역이 됐다.

민간 기업들의 끊임없는 도전과 실험 속에서 공공 서비스도 등장했다. 2020년 서울교통공사가 선보인 셀프스토리지 서비스 '또타스토리지'는 몇 가지 중요한 의미를 갖는다. 첫째, 공공기관이 특정 서비스 시장에 진출했다는 것은 그만큼 시장의 잠재력과 확장성을 인정받았다는 뜻이다. 민간 기업들이 씨앗을 뿌리고 시장을 키워온 결과, 이제는 공공의 영역에서도 필요한 서비스로 인식된 것이다. 둘째, 지하철 역사라는 뛰어난 접근성과 상대적으로 저렴한 비용을 내세워 민간 서비스와 차별점을 두었다. 이는 민간 기업들이 더욱 혁신적인 서비스와 고객 맞춤형 솔루션을 개발하도록 유도하는 긍정적인 경쟁 효과를 불러일으켰다.

이러한 흐름은 셀프스토리지 시장이 더 이상 특정 계층만 이용하는 틈새시장이 아니라, 보편적인 생활 편의 서비스로 자리 잡아 가고 있음을 보여주는 중요한 대목이다. 이때부터 중요한 건 누가 더 빠르고 정확하게 소비자의 마음을 읽어내느냐다. 소비자는 더 많은 선택지를 요구하고, 운영사는 각자의 전략과 자본 구조에 맞는 모델을 선택해 실행에 나선다. 이렇게 시장은 '태동'에서 '성장'으로 넘어간다.

성장기의 초입에 들어선 한국 셀프스토리지 시장에서 주목할 만한 모델은 크게 세 가지다. 직접 임대 방식, 직접 매입 방식, 그리고 아이엠박스의 비전형 임대차 방식이다.

빠르게, 넓게! 직접 임대 전략

가장 널리 알려지고 빠르게 시장을 개척한 모델은 직접 임대 방식이다. 이 모델은 셀프스토리지 운영사가 건물의 일부 또는 전체를 임대해 공간을 조성하고 운영하는 형태다. 국내에서는 '다락'이 이 방식을 대표한다.

다락은 초기 시장에서 대규모 투자를 유치하며 공격적으로 지점을 확장해 나갔다. 이 모델의 가장 큰 장점은 '속도'에 있다. 자금력이 뒷받침된다면 임대 계약만으로 원하는 입지에 빠르게 지점을 오픈할 수 있어 시장 선점에 매우 유리하다. 다락이 창업 초기 임대료가 비싼 역세권이나 주거 밀집 지역 등 수요가 높은 도심 요지에 집중적으로 진출하며 브랜드 인지도를 빠르게 높일 수 있었던 것도 이 때문이다. 임대한 공간의 인테리어, 시설, 서비스 운영 방식 등 전반적인 운영에 대한 높은 자율성을 확보할 수 있는 것도 이 방식의 장점이다. 이런 점에서 '프리미엄 보관 서비스'라는 차별화된 브랜드 이미지를 구축하는 데 이 방식은 유리하다.

하지만 장점은 그대로 단점이 된다. 직접 임대 방식은 막대한 초기 비용과 높은 고정 비용이라는 명확한 단점을 가지고 있다. 지점 오픈 시 보증금, 시설비, 인테리어 비용 등 상당한 초기 투자금이 필요하며, 여기에 월별 고정 임대료, 마케팅 비용 등이 지속적으로 발생한다. 공간이 채워져 손익분기점(BEP)에 도달하기까지 꽤 시간이 걸리므로 규모의 경제를 달성하기 전까지는 상당 기간 적자를 감수해야 할 수도 있다. 이러한 높은 진입 장벽은 신규 업체가 쉽게 시장에 들어오지 못하게 하는 요인이 된다.

다락 역시 투자를 통해 대규모 자금을 확보했기에 이 방식을 통해 공격적인 확장이 가능했지만, 서울 강남권이나 코엑스 지하 등 임대료가 비싼 도심권에 무리하게 지점을 늘리면서 수익성 악화라는 어려움에 직면하기도 했다.

느리지만 단단하게! 직접 매입 전략

공간을 임대하는 대신 건물이나 공간을 직접 매입해 소유권을 가진 상태로 공간을 조성해서 운영하는 직접 매입 방식도 있다. 싱가포르에 본사를 둔 아시아 최대 셀프스토리지 기업인 스토어허브가 막대한 자금을 무기로 이 모델을 채택하고 있다. 스토어허브는 2003년 싱가포르에 셀프스토리지 개념을 최초로 도입한 선두 주자로, 현재 서울을 포함한 아시아 태평양 주요 7개국, 15개 도시에 약 8만8,000개의 스토리지 유닛을 제공하고 있다.

이 모델은 가장 큰 자본력을 요구하는 모델로, 대규모 자산을 기반으로 한 장기적인 사업 전략에 적합하다. 가장 큰 장점은 운영의 안정성과 장기적인 수익성에 있다. 운영사가 건물을 소유하므로 임대료 부담이 없어 고정 비용을 크게 절감할 수 있으며, 이는 장기적으로 안정적인 수익 확보에 기여한다. 가장 핵심적인 장점은 부동산 가치가 상승하면 매입 자산의 가치 증대 효과까지 누릴 수 있다는 점이다. 공간에 대한 완전한 소유권을 가지므로 시설 변경이나 서비스 확장에 대한 완벽한 자율성과 통제력을 갖는다는 점도 큰 장점이다. 고객 입장에서도 자가 건물에서 운영되는 서비스는 신뢰할 수 있다.

스토어허브는 이러한 방식을 통해 주로 대형 지점을 운영하며 시장 내에서 안정적인 존재감을 구축하고 있다. 특히 스토어허브 코리아는 2024년 7월 기준으로 국내 누적 임대 면적이 1만㎡(약 3,025평)를 돌파하며 지점 수보다는 규모를 앞세운 전략을 취하고 있다. 더 나아가 서울 암사동에 국내 최초로 셀프스토리지 전용 건물을 신축한 사례는 직접 매입 방식의 궁극적인 장점, 즉 사업 모델에 최적화된 공간을 직접 설계하고 소유하며, 미래 자산 가치 상승을 노릴 수 있다는 강점을 명확히 보여준다.

대신 이 방식은 막대한 초기 자본과 느린 확장 속도라는 명확한 한계를 지닌다. 건물을 매입하는 데 천문학적인 자금이 필요하므로 누구나 쉽게 접근할 수 있는 모델은 아니다. 소규모 기업이나 이제 막 시작하는 스타트업은 사실상 불가능한 모델이다. 아울러 건물 매입 과정은 시간과 절차가 복잡해 지점 확장 속도가 다른 모델에 비해 현저히 느릴 수밖에 없다. 부동산에 대규모 자금이 묶이므로 기업의 유동성 측면에서도 제약이 따를 수 있다.

공실을 가치로! 아이엠박스의 한국형 모델

아이엠박스가 내놓은 '비전형 임대차 모델'은 기존 방식과는 결이 다르다. 직접 임대도, 직접 매입도 아닌 제3의 방식이다. 앞서 언급한 바와 같이 임대인이 시설비를 부담하고, 아이엠박스는 공간 운영을 맡아 발생한 매출의 일정 비율을 임대료로 제공한다. 고정 임대료가 없는 대신 수익이 발생해야 임대료도 생긴다. 수익을 함께 나누는 구조, 말 그대로 '성과 기반 공간 사업'이다.

이 모델은 공간을 가진 사람과 운영 노하우를 가진 사람이 파트너가 되는 구조다. 임대인은 더 이상 임차인을 찾기 위해 고군분투할 필요가 없고, 운영자는 초기 자본 부담 없이 지점을 늘릴 수 있다. 특히 공실 문제를 겪는 임대인에게는 매력적인 대안이 된다. '빈 공간을 그냥 두느니, 함께 수익을 나눠 보자'는 제안은 생각보다 설득력이 있다. 더 나아가 공실을 수익이 발생하는 테넌트로 채움으로써 부동산 가치 상승도 기대할 수 있다.

물론 진입 장벽이 아예 없는 건 아니다. 임대인이 선뜻 시설비를 투자하려면 운영사에 대한 강한 신뢰가 전제되어야 한다. 아이엠박스가 이 모델을 실제로 작동시킬 수 있었던 이유는 아이엠박스 지점의 운영

성과와 운영자들의 신뢰 덕분이었다. 그래서 투자를 받지 않고도 지점을 늘릴 수 있었고, 2023년 이후 폭발적인 성장세를 보여주며 이 모델이 시장에서 통할 수 있음을 증명해냈다.

이러한 신뢰는 AI와 빅데이터를 활용한 지리정보, 공간정보, 고객정보 분석에 힘입은 바 크다. 아이엠박스는 신규 지점 유치는 물론이고 매출 부진 지점의 활성화를 위해 AI와 빅데이터를 활용하고 있다.

일례로 발달상권이 아닌 곳에서도 셀프스토리지로 충분히 수익을 내고 있는 아이엠박스 지점이 적지 않다. 대표적인 곳이 안산시 상록구에 위치한 지점이다. 이곳은 한양대 에리카 캠퍼스 학군이 형성된 지역이지만, 발달상권인 한양대 정문 반대편에 있고, 대로와 하천 등 지형적 요인까지 더해져 접근성이 떨어지는 곳으로 평가됐다. 하지만 아이엠박스의 데이터 분석 결과는 다른 이야기를 하고 있었다. 이 지역의 전체 가구 중 1인 가구 비율은 37.8%로 높을 뿐 아니라 2인 가구 비율인 38.9%까지 합하면 1~2인 가구 비율이 80%에 육박한다. 더욱이 소형 평수의 아파트가 90% 정도를 차지하며, 학교 주변인 탓에 다른 지역에 비해 상대적으로 20~24세의 인구 비중이 높다. 모든 요인이 셀프스토리지 최적의 입지임을 말해주고 있었다. 실제로 이 지점은 현재 90%의 유치율을 유지하며 성업 중이다.

다양화되는 비즈니스 모델

지금 한국 셀프스토리지 시장 안엔 서로 다른 전략과 철학을 지닌 다양한 모델이 혼재하고 있다. 누군가는 속도를 택하고, 누군가는 안정성을, 또 다른 누군가는 파트너십과 상생의 가능성에 베팅한다. 이들은 서로 경쟁하면서도 동시에 시장을 함께 키워나가고 있다.

하지만 지금 우리가 보고 있는 이 구도는 어쩌면 하나의 과도기에 불과할지도 모른다. 시장은 아직 진화 중이며, 한국 셀프스토리지 산업은 이제 막 대중적 인식의 문턱을 넘은 참이다. 앞으로 기술, 도시 구조, 소비자 라이프스타일의 변화에 따라 지금까지와는 전혀 다른 비즈니스 모델이 등장할 가능성도 충분하다. 예컨대, AI 기반 수요 예측에 따라 자동으로 공간을 재구성하거나 스마트 시티와 결합한 모빌리티형 셀프스토리지 등은 이미 일부 글로벌 시장에서 실험되고 있다.

중요한 것은 이 시장이 여전히 '열려 있다'는 점이다. 변화는 여전히 가능하고, 판을 바꿀 기회는 남아 있다. 셀프스토리지는 단지 짐을 보관하는 공간을 넘어 도시의 빈틈을 채우고, 일상의 여유를 확장하는 인프라로 진화하고 있다. 그리고 그 변화의 한가운데에는 각자의 방식으로 공간을 해석하고 연결하는 다양한 모델들이 있다.

해소되는 규제 이슈

"미래는 이미 와 있다. 단지 널리 퍼져 있지 않을 뿐이다."

미국의 미래학자 앨빈 토플러Alvin Toffler의 통찰처럼 혁신적인 기술과 서비스는 이미 우리 곁에 와 있지만, 때로 낡은 규제의 벽에 막혀 그 잠재력을 온전히 펼치지 못하는 경우가 많다. 시장의 니즈가 폭발적으로 분출해도 시대착오적인 법과 제도가 그 성장의 발목을 잡곤 하기 때문이다.

이는 비단 한국만의 문제는 아니다. 전 세계적으로 수많은 혁신적인 아이디어가 규제에 부딪혀 빛을 보지 못하거나, 어렵게 시장에 진입했더라도 위협받는 일이 비일비재하다. 미국의 법학자이자 하버드대학교 교수인 로렌스 레식Lawrence Lessig은 "과도한 규제는 창의성을 억눌러 혁신을 질식시키고, 공룡 같은 구시대 세력들에게 미래에 대한 거부권을 준다."며 꾸준히 규제의 위험성을 경고해 왔다.

국내 모빌리티 시장에서 '타다' 서비스가 겪었던 사례는 이러한 규제의 역설을 극명하게 보여준다. 2018년 등장한 타다는 11인승 승합차와 기사를 이용한 호출 서비스로, 택시가 잡히지 않는 심야 시간이나 짐이 많은 승객들에게 큰 호응을 얻으며 새로운 모빌리티 경험을 제공했다. ICT 기술을 활용해 플랫폼 기반의 혁신적인 이동 서비스를 선보였지만, 기존 여객자동차 운수사업법상 '렌터카에 기사를 알선하는 행위'로 불법 논란에 휩싸였다. 당시 법규는 관광 목적의 렌터카에만 예외적으로 운전기사 알선을 허용했다. 타다는 이 '관광 목적' 예외 조항을 활용해 서비스를 시작했으나 택시 업계의 강력한 반발에 직면했다. 결국 국회는 '타다 금지법'이라 불린 여객자동차 운수사업법 개정안을 통과시켰고, 타다는 혁신적인 서비스였음에도 불구하고 시장에 제대로 안착하지 못한 채 사실상 사업을 중단해야만 했다. 소비자는 불편을 감수해야 했고, 스타트업은 혁신을 멈춰야 했으며, 산업은 아무것도 얻지 못했다.

타다의 사례는 우리에게 중요한 질문을 던진다. 혁신이 정말 위험한가, 아니면 규제가 변화에 뒤처진 것인가?

규제의 벽 앞에서 사라질 뻔한 공간 혁신

셀프스토리지 산업 역시 타다와 유사한 경로를 밟을 뻔했다. 새로운 공간 서비스, 도시형 창고라는 개념, 그리고 소비자의 수요 모두가 존재했지만 이 산업은 한동안 불안정한 제도적 지반 위에 위태롭게 서 있는 신세였다.

2023년부터 아이엠박스를 비롯한 셀프스토리지 기업들이 성장세를 보이며 시장이 빠르게 확대됐다는 것은 주지하는 바와 같다. 아이엠박스의 150개 지점 중 90% 이상이 2023년 이후 유치되었다는 사실은 한국 셀프스토리지 시장의 잠재력과 가능성을 명확히 보여준다. 하지만 곧바로 '규제'라는 거대한 벽에 부딪혔다. 이는 시장이 커짐과 동시에 규제 당국의 시선과 기존 업계의 견제가 거세졌음을 의미했다.

문제의 발단은 업종 분류에 있었다. 셀프스토리지는 전통적인 의미의 '창고'와는 다른 형태의 공간이다. 단순히 짐을 보관하는 장소를 넘어 도시 생활의 연장선에서 소비자의 일상과 밀접하게 연결된 생활 인프라 서비스다. 하지만 셀프스토리지가 국내에 본격적으로 도입되던 시기에 이 새로운 서비스는 어디에도 정확히 맞는 법적 이름을 갖지 못했다. 기존의 창고업은 물류나 유통을 목적으로 하는 산업단지나 외곽 지역에 국한돼 있다. 법이 주거지역이나 상업지역에서 창고 운영을 금지하고 있기 때문이다. 문제는 셀프스토리지가 그 '도심 한가운데'에서 수요가 폭증하고 있었다는 점이다.

결국 기업들은 '기타 창고업'으로 영업을 하는 식으로 법적 회색지대에서 셀프스토리지를 운영했다. 이는 사업자들에게 불안한 구조였을 뿐 아니라, 소비자들이 서비스의 지속성에 대한 신뢰를 갖기 어려운 환경이었다. 몇몇 지자체는 도심 내 셀프스토리지 시설에 철거 명령을 내리기도 했고, 대형 운영사들 역시 구청으로부터 철거하라는 내용증명을 받는 등 행정 리스크에 직면하게 됐다.

결정적으로 2023년 10월 누군가가 국내 모든 셀프스토리지를 일괄적으로 당국에 신고하는 사건이 발생하면서 셀프스토리지의 규제 문제가 수면 위로 급부상했다. 이때부터 정부는 강하게 규제하기 시작했고, 아이엠박스 사무실로도 철거 명령을 담은 내용증명이 날아들었다. 유망한 사업이라 확신했고, 1인 가구 증가와 공실 문제를 해결할 유일한 대안이라 믿었던 사업이 졸지에 불법 딱지를 붙이고 사업을 접어야 할지도 모른다는 공포감에 휩싸였다.

제도의 문이 열리다

절망적인 상황 속에서 해결의 실마리가 보이기 시작했다. 가장 결정적인 계기는 ICT 규제샌드박스 실증특례 승인이었다. 규제샌드박스는 신기술이나 서비스가 출시될 때, 규제가 존재함에도 불구하고 시장에 먼저 출시해 테스트할 수 있도록 일정 기간 규제를 면제하거나 유예하는 제도를 말한다. 과학기술정보통신부는 2024년 4월 '도심형 셀프스토리지'를 새로운 디지털 서비스로 인정하고, 일정 조건에서 기존 법규를 적용하지 않는 실증특례를 부여하기로 결정했다.

규제샌드박스 적용은 셀프스토리지가 기존 창고와는 개념이 다르다는 점을 정부가 인정한 결과였다. 셀프스토리지는 물류창고와 달리 대형 차량의 진출입이 거의 없고, 오염 물질 배출이나 교통 유발 문제도 미미하다. 오히려 주거 공간 협소 문제를 해결하고, 도심 내 공실 해소에 크게 기여할 수 있는 서비스라는 점이 부각됐다. 세컨신드롬이 최초로 특례 적용을 받았고, 이후 아이엠박스를 포함한 다른 사업자들도 순차적으로 규제샌드박스 대상에 포함됐다. 이는 일시적인 유예 조치에 불과했지만, 적어도 사업자 입장에서는 법적 불확실성이 크게 완화되는 전환점이었다.

규제샌드박스가 잠시 숨통을 틔워준 건 사실이지만 이는 임시방편에 불과했다. 근본적인 문제는 건축물 용도에 대한 법적 명확성이었다. 규제샌드박스 적용 기간이 끝나면 다시 불법 시설이 될 수도 있다는 우려는 항상 존재했다.

2025년 5월 마침내 이 문제를 해결할 근본적인 대응책이 나왔다. '건축법 시행령 개정안'이 국회를 통과해 입법 예고되며 셀프스토리지는 드디어 '제2종 근린생활시설'에 포함됐다. 이는 셀프스토리지가 더 이상 법의 빈틈에 끼워 넣은 임시적 업종이 아니라 제도 안에서 명시적으로 인정받는 서비스라는 뜻이다. 개정안은 또한 시설의 연면적 상한을 기존 500㎡에서 1,000㎡ 미만으로 완화해 대형 지점 운영도 가능하게 했다. 더욱이 기존처럼 '창고시설'로 분류될 경우 주거지역 및 상업지역에 설치가 어려웠지만, 이번 개정으로 용도 불일치로 인한 지방자치단체의 행정지도나 철거 명령 등의 리스크가 사라져 도심 내 공실 상가를 활용한 사업 확장이 더욱 활발해질 것으로 기대된다.

이외에도 셀프스토리지의 '제2종 근린생활시설' 편입은 산업 생태계 전반에 혁신적인 변화를 가져올 것으로 기대된다.

첫째, 사업 안정성을 확보할 수 있다. 이제 운영사들은 더 이상 규제

리스크에 시달리지 않고 사업을 안정적으로 확장할 수 있게 됐다. 이는 투자를 활성화하고, 서비스의 질을 높이는 선순환 구조를 만든다.

둘째, 소비자 신뢰를 높일 수 있다. 서비스가 합법적인 지위를 획득하면서 소비자들은 안심하고 셀프스토리지를 이용할 수 있게 됐다. 이는 1인 가구, 소상공인 등 다양한 수요층의 접근성을 높여 시장 전체의 파이를 키우는 데 기여한다.

셋째, 도시 공간을 효율적 활용할 수 있는 수단으로 셀프스토리지가 더욱 주목받을 것이다. 셀프스토리지는 비어 있는 상가나 유휴 공간을 효율적으로 활용하는 대안으로도 주목받아왔다. 법적 지위가 명확해지면서 이러한 도시 재생 효과 또한 더욱 가속화될 것으로 예상된다.

보수적이고 폐쇄적인 특성을 가진 부동산 업계에서 법령을 변경하는 것은 매우 어려운 일이다. 그럼에도 불구하고 이번 건축법 시행령 개정안이 입법 예고된 것은 정부가 셀프스토리지 산업의 중요성을 심각하게 인식하고 있음을 보여준다. 1인 가구 증가, 주거 공간 협소화, 그리고 도심 공실 문제 심화라는 삼중고 속에서 정부는 셀프스토리지가 이 문제들을 해결할 수 있는 효과적인 대안임을 인정하고 제도적 지원에 나선 것으로 풀이된다.

이제 셀프스토리지 사업의 본게임이 시작됐다. 규제와 법률 장벽이 허물어진 지금, 본격적인 경쟁과 모델의 다변화, 기술과 운영 전략의 혁신이 이어질 것이다. 누군가는 기존의 모델을 더 정교하게 다듬을 것이고, 누군가는 지금까지 없던 방식으로 공간을 활용할 것이다. 이로써 산업의 지도는 다시 그려질 것이다. 중요한 건 이제는 그 지도를 마음껏 그릴 수 있는 장벽들이 사라졌다는 사실이다.

정리하면 이렇다. 한국 셀프스토리지 시장은 불과 몇 년 전만 해도 생소한 개념이었지만, 빠르게 변화하는 한국 사회의 흐름 속에서 새로운 기회를 포착하며 성장 궤도에 올랐다. 1인 가구 및 고령화 심화, 주거 공간의 소형화, 그리고 합리적인 소비를 지향하는 라이프스타일의 확산은 셀프스토리지 수요를 폭발적으로 견인하는 핵심 동력이 됐다.

초기 개척자들이 낯선 시장의 문을 두드리며 비즈니스 모델을 실험했고, 이들의 노력은 '다락'의 대규모 투자 유치와 아이엠박스의 혁신적인 '비전형 임대차 모델' 탄생으로 이어지며 시장의 지형도를 다양하게 그려 나가기 시작했다. 특히 아이엠박스가 공실에 시달리던 임대인에게 새로운 수익 모델을 제시하며 폭발적인 성장을 이룬 것은 시장의 잠재력과 상생 모델의 가능성을 명확히 보여주는 사례다.

이러한 시장의 성장은 한동안 발목을 잡던 규제의 벽을 허무는 계기가 됐다. 도심형 셀프스토리지가 ICT 규제샌드박스 실증특례를 통해 임시방편을 넘어 마침내 건축법 시행령 개정으로 '제2종 근린생활시설'로 정식 인정받게 된 것은 셀프스토리지 산업이 제도권 안으로 진입하는 결정적인 전환점이었다. 이는 사업의 불확실성을 해소하고 투자 활성화를 이끌며, 셀프스토리지가 물류창고가 아닌 도시 생활의 필수 인프라로서 기능할 수 있는 법적 기반을 마련했다는 점에서 큰 의미를 가진다.

결론적으로 한국 셀프스토리지 시장은 사회적 변화가 만들어낸 수요, 혁신적인 비즈니스 모델, 그리고 규제 해소라는 삼박자가 맞아떨어지며 본격적인 성장기에 진입했다. 이제 셀프스토리지는 단순한 보관 공간을 넘어 도시의 유휴 공간을 활용하고, 도시 재생 사업과 연계되어 효율적인 도시 인프라를 구축하며 한국 사회의 새로운 경제 지도를 그려 나갈 핵심 동력으로 자리매김할 것이다.

Tech Column | 기술과 만난 비즈니스 인텔리전스

미래 스마트 셀프스토리지가 있는 풍경

2029년의 어느 화창한 화요일 아침, 경훈은 여유롭게 커피를 마시며 스마트폰을 들여다본다. 그의 시선이 멈춘 곳은 '내일의 스토리지 예측' 앱. 앱 화면엔 그가 평소 이용하는 셀프스토리지 유닛의 예상 점유율과 추천 온습도가 뜬다.

'이번 주말 캠핑 장비를 꺼내야 하니 좀 더 건조하게 유지하는 게 좋겠군.'

경훈은 가볍게 터치 몇 번으로 유닛 내부의 습도를 조절한다. 그런 후 앱을 통해 '스마트 딜리버리' 서비스를 신청한다.

8시 정각, 그의 아파트 현관문 앞에는 자율주행 소형 운송 로봇이 도착한다. 경훈이 캠핑 장비를 싣자 로봇은 최적의 경로를 따라 셀프스토리지 센터로 향한다. 센터에 도착한 로봇은 인공지능 기반의 자동화된 하역 시스템을 거쳐 경훈의 유닛까지 장비를 안전하게 옮겨놓는다.

'짐이 안전하게 도착했습니다'라는 알림 메시지와 함께 실시간 영상이 경훈의

스마트폰으로 전송된다. 스토리지 센터 내부에서는 민첩한 로봇팔과 자율 이동 로봇들이 분주하게 움직이며 각 유닛의 물품 이동 및 재배치를 돕고 있다.

이 가상의 이야기 속에서 셀프스토리지는 이미 생활 인프라로 녹아들어 데이터와 기계가 조용히 움직이는 거대한 네트워크가 됐다. 이러한 풍경은 더 이상 공상 과학 영화 속 이야기가 아니다. 지금 이 순간에도 전 세계 셀프스토리지 산업은 기술과의 융합을 통해 혁신적인 변화를 만들어내고 있어 5년 후의 미래는 상상 그 이상으로 진보된 모습으로 우리 곁에 다가올 것이다. 사물인터넷IoT, 인공지능AI, 빅데이터, 로봇 공학, 그리고 자율주행 기술은 셀프스토리지를 단순한 보관 공간이 아닌, 고객의 니즈에 최적화된 '스마트 자산 관리 플랫폼'으로 진화시키고 있다.

그렇다면 이 '미래'는 어떻게 가능할까? 지금부터 IoT, AI·빅데이터, 로봇, 자율주행, 통합 플랫폼이라는 다섯 가지 렌즈를 통해 셀프스토리지 산업을 재정의한 기술 트렌드를 구체적으로 살펴보자.

❶ 사물 인터넷(IoT) : 공간의 감각을 깨우다

미래 셀프스토리지는 '문을 여는' 순간부터 다르다. 과거 셀프스토리지는 물리적인 보안과 접근성에 중점을 두었다면, 미래의 셀프스토리지는 IoT 기술을 통해 '살아 숨 쉬는 공간'으로 변모할 것이다. 각 유닛은 물론 건물 전체가 수많은 센서로 연결돼 실시간으로 정보를 주고받는 데이터 허브가 된다. 이러한 기술적 진보는 운영 효율성을 극대화하고, 고객 만족도를 혁신적으로 높여 궁극적으로 시장 성장을 견인한다.

가장 대표적인 예가 스마트 온습도 제어 시스템이다. IoT 센서들은 각 유닛 내부의 온도와 습도를 정밀하게 측정하고, 이 데이터는 중앙 시스템으로 전송된다. 개별 유닛 단위의 온습도 모니터링 및 제어 시스템을 도입해 고객이 보관 물품의 최적 상태를 유지할 수 있도록 돕는다. AI의 도움도 필수다. AI는 사용자 데이터를 분석해 각 유닛에 보관된 물품의 종류에 따라 최적의 온습도 범위를 유지하도록 자동으로 HVAC(냉난방 환기) 시스템을 제어한다. 이는 물품의 손상을 방지하고 고객의 만족도를 극대화하며 재방문을 유도하는 동시에, 에너지 효율성까지 높여 운영 비용 절감에도 기여한다.

스마트 잠금장치와 출입 관리 시스템은 IoT 기술의 핵심이다. 이미 이 분야 기술은 5년을 기다릴 것도 없이 기술적인 진보를 이뤘다. 미국 기업 야누스 인터내셔널Janus International이 만든 스마트락 'Noke ONE'이 대표적이다. 배터리가 내장된 온도·충격 센서가 이상 진동을 감지하면 즉시 관리자에게 알림을 보내고, 필요할 땐 경찰이나 보안 요원이 출동할 수도 있다. 셀프스토리지 기업 엑스트라 스페이스는 2025년 기준 400여 개 추가 지점에 Noke 시스템을 확대 설치 중이다.

이러한 첨단 보안 시스템은 고객에게 전례 없는 편리함과 함께 강화된 안전 수준을 제공해 서비스에 대한 신뢰도를 높이고 더 많은 잠재 고객을 유치하는 데 결정적인 역할을 한다. IoT 기반의 CCTV 시스템은 단순한 녹화를 넘어 움직임 감지, 안면 인식, 비정상적인 행동 패턴 분석 등 지능형 감시 기능을 수행해 보안을 더욱 견고하게 만든다.

센서가 이상을 감지하면 관리자에게 즉시 알람을 보내는 보안 관리 시스템 Noke ONE

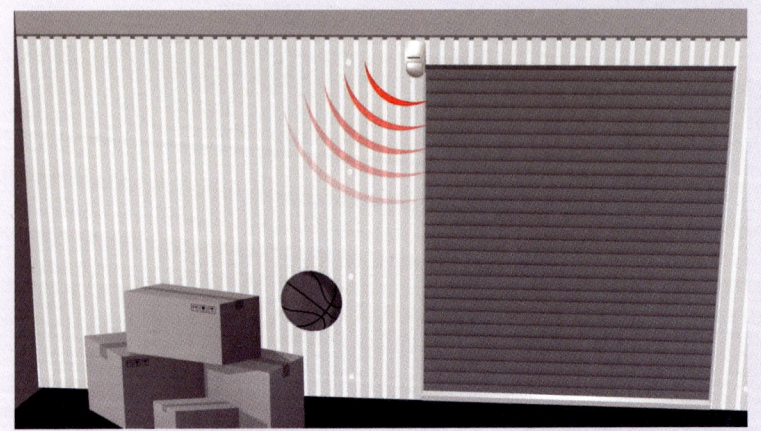

〈출처: Janus International 공식 홈페이지 동영상 화면 캡처〉

나아가 유닛 내부의 점유율 센서나 물품 감지 센서는 고객이 자신의 유닛을 얼마나 효율적으로 사용하고 있는지 파악하는 데 도움을 준다. 이는 고객에게 공간 활용에 대한 유용한 정보를 제공할 뿐만 아니라, 운영사가 유닛 배치나 크기 조절 등 공간 효율성을 극대화하는 데 필요한 데이터를 제공해 수익률이 높은 최적의 유닛 구성을 가능하게 한다. 이처럼 IoT는 셀프스토리지 공간을 단순히 비어있는 사각형의 방이 아니라, 끊임없이 소통하고 진화하는 스마트한 자산으로 만들며 시장의 규모와 가치를 함께 키워나간다.

❷ AI와 빅데이터: 맞춤형 서비스와 운영 최적화의 핵심

IoT를 통해 수집된 방대한 데이터는 AI와 빅데이터 기술을 만나 비로소 강력한 비즈니스 인텔리전스로 탈바꿈한다. AI는 데이터 속에서 의미 있는 패턴을 찾아내고, 이를 기반으로 운영을 최적화하며 고객에게 맞춤형 서비스를 제공하는 핵심 엔진 역할을 한다. 이러한 지능형 분석은 운영사의 수익성을 대폭 개선하고, 고객 유치 및 유지를 강화해 시장의 질적 성장을 주도한다.

수요 예측 및 가격 최적화는 AI와 빅데이터의 가장 중요한 활용 분야 중 하나이다. 야디Yardi나 사이트링크(SiteLink, 현재 Property Brands 소속)와 같은 선도적인 셀프스토리지 소프트웨어 솔루션은 이미 AI 기반의 수익 관리Revenue Management 모듈을 제공하고 있다. AI는 과거 임대 기록, 지역별 인구 이동 패턴, 계절별 수요 변화, 대규모 재개발이나 신규 아파트 단지 입주와 같은 특정 이벤트까지 다양한 데이터를 분석해 특정 지역의 유닛 크기별 수요를 정확하게 예측한다. 이를 통해 운영사는 각 유닛의 임대료를 시장 수요와 경쟁 환경에 맞춰 실시간으로 조정하는 다이내믹 프라이싱Dynamic Pricing 전략을 구사할 수 있다. 성수기에는 임대료를 높여 수익을 극대화하고, 비수기에는 유연한 할인을 통해 공실률을 최소화함으로써 최대 수익을 달성하고 투자 매력을 높이는 데 결정적인 역할을 한다.

AI는 고객 행동 분석 및 맞춤형 서비스 제공에 활용된다. 고객의 유닛 사용 빈도, 보관 물품의 종류, 앱 사용 패턴 등을 분석해 고객의 니즈를 파악한다. 예를 들어, 특정 고객이 반복적으로 캠핑 장비를 보관한다면 캠핑 관련 할인 정보나 관련 서비스를 추천해 줄 수 있고, 이사를 자주 하는 고객에게는 포장 이사 서비스와의 연계 할인 등을 제안할 수 있다. 이러한 개인화된 마케팅은 고객 생애 가치LTV를 높이고 이탈률을 낮추는 데 기여하며, 고객 만족도를 넘어 고객 경험을 개인화된 수준으로 끌어올려 고객 기반을 확장하고 시장 점유율을 높이는 데 기여한다.

예측 유지보수Predictive Maintenance 역시 AI의 중요한 역할이다. HVAC 시스템, 엘리베이터, 조명 등 시설의 각종 센서 데이터를 AI가 지속적으로 모니터링해 고장 징후를 미리 감지한다. 특정 부품의 이상 온도, 진동 패턴, 전력 소모량 변화 등을 분석해 고장이 발생하기 전에 선제적으로 유지보수를 실시함으로써, 대규모 수리 비용을 절감하고 고객 불편을 최소화할 수 있다. 이는 운영 효율성을 높이는 동시에, 서비스의 신뢰도를 향상시켜 시장의 전반적인 품질을 높인다.

나아가, AI 기반의 챗봇 및 가상 비서는 24시간 고객 응대 및 기본적인 문의 처리를 담당하며 고객 서비스의 질을 높인다. 한국의 '아숙업AskUp'과 같은 AI 챗봇 기술은 이러한 고객 응대 시스템의 효율성을 극대화한다. 복잡한 문제는 실제 상담원에게 연결하고, 단순 반복적인 문의는 AI가 처리함으로써 인력 운영의 효율성을 극대화해 인건비를 절감하고 서비스 가용성을 높여 시장 경쟁력을 강화한다. 이처럼 AI와 빅데이터는 셀프스토리지 운영의 모든 과정에 스며들어 운영을 최적화하고, 수익성을 극대화하며, 고객 경험을 혁신하는 핵심적인 역할을 수행하며 시장의 고도화를 이끈다.

❸ 로봇 공학과 자동화: 인간의 한계를 뛰어넘는 효율성

    셀프스토리지 산업은 물품의 이동, 보관, 관리 등 물리적인 작업이 필수적이다. 이 영역에서 로봇 공학 및 자동화 기술은 인간의 한계를 뛰어넘는 효율성과 정확성을 제공하며 미래 셀프스토리지를 재편하고 있다. 이러한 자동화는 운영 비용을 대폭 절감하고, 공간 활용도를 극대화하며, 24시간 서비스 제공을 가능하게 해 시장의 외연을 넓힌다.

    자율 이동 로봇AMR, Autonomous Mobile Robots과 로봇팔Robotic Arms은 셀프스토리지 센터 내부에서 핵심적인 역할을 수행한다. 예를 들어, 물류 자동화 솔루션 기업인 오토스토어AutoStore나 데마틱Dematic 등이 제공하는 자동 저장 및 회수 시스템AS/RS은 고밀도 창고에 주로 적용되지만, 셀프스토리지에도 충분히 적용될 수 있다. 특히 홍콩과 싱가포르에서 활발한 활동을 펼치고 있는 스토어프렌들리Storefriendly는 'GObot'이라는 로봇 딜리버리 시스템을 도입해 고객이 로비에서 물품을 맡기면 로봇이 유닛까지 운반하는 서비스를 제공하고 있다. 이는 고객에게 편리함을 제공할 뿐만 아니라, 인건비를 대폭 절감하고 24시간 무인 운영이 가능한 기반을 마련해 시장 확장과 수익성 개선에 직접적으로 기여한다.

수직 적재 및 회수 시스템이 도입된 다층 셀프스토리지 건물에서는 로봇이 수직으로 이동하며 고층 유닛의 물품을 빠르게 입출고하는 효율적인 솔루션을 제공한다. 이는 도심의 비싼 땅값을 효율적으로 활용하고, 제한된 공간에서 더 많은 유닛을 확보할 수 있게 해 단위 면적당 수익성을 극대화하고 신규 시장 진입을 용이하게 한다. 로봇은 인간이 접근하기 어려운 높은 곳이나 좁은 공간에서도 안전하고 정확하게 작업할 수 있어 물리적인 공간의 제약을 최소화한다.

로봇 공학은 재고 관리 및 물품 추적에도 혁신을 가져온다. 각 물품에 RFID 태그나 QR 코드를 부착하고 로봇이 이를 스캔해 실시간으로

고객은 물건이 담긴 보관함을 지정된 터미널에 놓으면 로봇이 이를 안전한 무인 보관 구역으로 옮겨주기 때문에 고객이 직접 무거운 물건을 운반할 필요가 없어 편리하다.

〈출처: 스토어프랜들리 공식 홈페이지 동영상 화면 캡처〉

재고를 파악하고 위치를 추적할 수 있다. 이는 물품 분실 위험을 최소화하고 고객이 자신의 물품 위치를 언제든지 확인할 수 있게 해 신뢰도를 높인다. 이러한 자동화된 시스템은 인적 오류를 줄이고 운영의 정확성을 극대화하며, 궁극적으로는 고객에게 더 빠르고 안전한 서비스를 제공해 고객 만족도 및 재이용률을 높여 시장의 견고한 성장을 뒷받침한다. 미래에는 로봇이 단순히 물품을 옮기는 것을 넘어 유닛 내부의 환경을 점검하거나 소규모 유지보수 작업까지 수행하는 수준으로 발전할 것이다.

❹ 자율주행 : 라스트 마일 서비스를 완성하다

셀프스토리지 산업에서 자율주행 기술은 고객의 편의성을 극대화하는 '라스트 마일Last Mile' 서비스의 핵심이다. 직접 스토리지 센터를 방문해야 하는 번거로움을 없애고, 고객의 문 앞까지 셀프스토리지를 확장시키는 개념이다. 이는 서비스의 접근성을 혁신적으로 개선하고, 새로운 고객층을 유입하며, 프리미엄 서비스 모델을 창출해 시장 확대를 이끌 것이다.

가장 대표적인 형태는 자율주행 배송 로봇이나 차량을 활용한 픽업 및 딜리버리 서비스다. 예를 들어 스타십 테크놀로지스Starship Technologies나 누로Nuro와 같은 기업들이 개발하는 자율주행 배송 로봇들은 이미 특정 지역에서 상용화되고 있다. 셀프스토리지 운영사는 이러한 자율주행 로봇 또는 차량 파트너십을 통해 고객이 앱을 통해 보관을 원하는 물품을 지정하면, 자율주행 로봇이 고객의 집까지 방문해 물품을 수거하고 셀프스토리지 센터로 운반하게 할 수 있다. 반대로, 고객이 보관된 물품을 필요로 할 때도 로봇이 유닛에서 물품을 꺼내 고객의 집 앞까지 배송해 준다. 이 서비스는 특히 육체적으로 힘들거나 시간이 부족한 고객들에게 혁신적인 편의성을 제공한다. 대형 물품을 직접 옮겨야 하는 부담이 사라지고, 언제든 원하는 시간에 서비스를 이용할 수 있게 되는 것이다.

5년 후에는 로봇을 이용한 서비스가 더욱 보편화될 것으로 예상된다. 이 기술은 단순히 편의성만을 제공하는 것이 아니다. 픽업/딜리버리 과정에서의 안전성을 높이고, 정해진 경로와 시간 안에 효율적으로 움직여 운송 비용을 절감하는 효과도 가져와 운영 효율성 및 수익성 개선에 일조한다. 자율주행 로봇이 수거한 물품의 정보는 즉시 시스템에 입력되어 셀프스토리지 센터 내 자동화 시스템과 연동되므로 물품이 센터에 도착하는 즉시 효율적인 보관 과정이 시작된다.

더 나아가 미래에는 이동식 셀프스토리지 유닛과 자율주행 기술이 결합될 수도 있다. 고객이 필요로 할 때 특정 크기의 유닛 자체가 자율주행 차량에 실려 고객의 집 근처로 이동하고, 고객은 그 자리에서 물품을 넣거나 꺼낼 수 있게 되는 개념이다. 이는 고정된 공간을 넘어 시간과 공간의 제약을 최소화하는 궁극적인 셀프스토리지 서비스를 구현할 가능성을 열어주며 시장의 물리적 경계를 허물고 새로운 성장 기회를 창출한다. 자율주행 기술은 셀프스토리지를 고객의 삶에 더욱 밀착시키고, 접근성을 혁신적으로 개선하는 핵심적인 역할을 할 것이다.

자율 주행 기술은 셀프스토리지의 라스트 마일 서비스를 완성하는 핵심이다.

〈출처: 스타십 테크놀로지스〉

⑤ 통합 플랫폼: 스마트 자산 관리의 완성

앞서 언급된 IoT, AI, 로봇 공학, 자율주행 기술들은 각각 강력한 혁신을 가져오지만, 이 모든 기술이 비즈니스 인텔리전스BI 기반의 통합 플랫폼 안에서 유기적으로 연동될 때 진정한 시너지를 발휘하며 '스마트 자산 관리'가 완성된다. 이러한 통합 플랫폼은 시장 내 경쟁 우위를 확보하고, 투자 효율성을 극대화하며, 지속 가능한 성장을 가능하게 하는 핵심 동력이다.

통합 플랫폼은 고객 관리, 유닛 관리, 재고 관리, 보안, 유지보수, 회계, 마케팅 등 셀프스토리지 운영의 모든 요소를 한곳에서 총괄하고 분석한다. 예를 들어, 특정 유닛의 온습도 센서에서 이상 징후가 감지되면(IoT), AI가 이를 분석해 고장 가능성을 예측하고(AI), 유지보수 팀에 자동 알림을 보낸다. 동시에 고객에게는 유닛 내 물품의 안전을 위한 조치에 대한 정보가 앱을 통해 전송된다. 고객이 앱을 통해 물품 픽업 서비스를 신청하면(자율주행), 시스템은 로봇에게 해당 유닛에서 물품을 회수하라는 명령을 내리고(로봇), 고객의 결제 정보는 회계 시스템으로 자동 처리된다. 이 모든 과정은 데이터를 기반으로 실시간으로 이루어져 운영의 효율성과 투명성을 극대화한다.

이러한 통합은 운영 효율성을 극대화하는 것을 넘어 전략적인 의사 결정의 기반을 제공한다. 방대한 데이터를 실시간으로 분석해 어떤 지역에 새로운 스토리지 센터를 설립해야 할지, 어떤 크기의 유닛이 가장 인기가 많은지, 어떤 마케팅 전략이 효과적인지 등을 정확하게 파악할 수 있게 된다. 이는 투자 수익률을 높이고, 시장 변화에 민첩하게 대응하며, 지속 가능한 성장을 가능하게 한다.

통합 플랫폼은 고객에게는 개인화된 대시보드를 제공한다. 고객은 자신의 유닛 상태, 보관 물품 목록, 예상 비용, 사용 이력, 보안 영상 등을 한눈에 확인할 수 있다. 나아가 플랫폼은 고객의 보관 습관을 분석해 "더 큰 유닛으로 업그레이드하면 짐을 더 효율적으로 보관할 수 있다."와 같은 맞춤형 제안을 하거나, "미 보관 중인 유닛 공간을 일시적으로 다른 고객에게 공유해 수익을 얻을 수 있다."와 같은 새로운 비즈니스 모델까지 제시할 수 있다. 이러한 개인화된 서비스와 새로운 비즈니스 모델은 고객 충성도를 높이고 추가적인 수익원을 창출해 시장의 성장 잠재력을 확장한다.

궁극적으로 기술과 만난 비즈니스 인텔리전스는 셀프스토리지를 단순한 물리적 공간이 아닌, 데이터 기반의 지능형 자산 관리 서비스로 변모시킨다. 이는 운영사가 수익성을 극대화하고, 고객에게는 전례 없는 편리함과 맞춤형 경험을 제공하며, 셀프스토리지 산업을 미래 시대의 핵심 인프라로 확고히 자리매김하게 할 것이다.

SELF SERVICE STORAGE

미국인들은 여분의 물건을 보관하고
공간을 빠르게 채우는 데
그 어느 때보다 더 많은 비용을 지출하고 있으며,
이로 인해 보관 재고가 증가하고 있다.
팬데믹이 시작된 이후 셀프스토리지의 주가는
전자상거래 웨어하우스, 쇼핑몰, 임대주택을
모두 능가하는 큰 폭의 상승세를 보였다.
이 부문은 인플레이션 환경에서
훌륭한 투자처임이 입증됐다.
- 월스트리트저널, 2021년 12월 12일자

CHAPTER 4

셀프스토리지와 자산의 미래

1. 창고에서 미래 자산으로
2. 대형화하는 미국 셀프스토리지 리츠
3. 새로운 투자처로 떠오른 아시아
4. 아시아 셀프스토리지의 선진 실험실들: 일본, 홍콩, 싱가포르
5. 국민연금의 투자가 한국 시장에 불러올 파급 효과
6. 도시 재생과 역세권 활성화 사업
7. 침묵의 시장에 다가오는 자본

창고에서 미래 자산으로

어둡고 습한 구석, 물건들이 쌓여 시간을 멈춘 공간. 창고는 이렇듯 먼지 쌓인 '과거'의 잔재를 떠오르게 한다. 그런데 이 창고가 '미래' 투자의 핵심으로 떠오르고 있다면 선뜻 믿기 어려울 것이다. 그러나 지금, 그 무심한 철문 뒤에서 거대한 글로벌 자본이 꿈틀대고 있다. 셀프스토리지는 더 이상 짐을 맡기는 장소가 아니다. 그것은 투자자의 포트폴리오에 담길 '수익형 자산'이자, 장기적으로 가치를 창출하는 '미래형 부동산'으로 재정의되고 있다.

투자 시장에서 '미래 자산'이라 불리려면 두 가지 조건을 만족해야 한다.

첫째, 안정적인 수익 창출 구조.

둘째, 시간이 흐를수록 가치가 상승하는 구조.

셀프스토리지는 이 두 가지 조건을 모두 만족한다. 수요는 앞서 여러 번 언급했듯 주거 및 상업 공간의 축소, 1인 가구 증가, 온라인 쇼핑과 재택근무 확산, 상업용 부동산 시장의 위기로 인한 공실 증가라는 거대한 사회 변화에 뿌리를 두고 있다. 이 수요는 경기 침체나 부동산 경기 변동과 무관하게 꾸준히 유지된다. 미국부동산투자신탁협회 NAREIT의 통계는 이를 숫자로 증명한다. 1994년 이후 30년간 셀프스토리지 연평균 투자 수익률은 15.7%로, 이는 오피스, 리테일(10.4%), 숙박/리조트(7.5%) 등 기존 상업용 부동산 섹터를 모두 제친 수치이자, 같은 기간 S&P 500의 연평균 수익률 10.1%를 훨씬 뛰어넘는 수치다. 셀프스토리지는 경기의 파도에 휩쓸리지 않는, 조용하지만 단단한 자산이다. 오피스, 리테일, 물류센터와 같은 전통적인 부동산 자산 포트폴리오들이 불확실성의 파고 속에서 휘청거릴 때, 셀프스토리지는 놀라운 회복 탄력성과 상상 이상의 고수익성으로 새로운 투자 패러다임을 제시하고 있다.

미국의 대표적 셀프스토리지 부동산투자신탁 기업인 퍼블릭 스토리지 Public Storage는 2020년 코로나 팬데믹 첫해에도 순이익이 전년

대비 3.4%나 증가했다. 이는 같은 시기 호텔과 오피스가 각각 -80%, -20%로 큰 폭의 마이너스 성장을 기록한 것과는 극명하게 대비된다.

이런 안정성은 셀프스토리지의 고정비 구조와 낮은 경기 민감도에서 비롯된다. 이 자산은 경기 호황기에도 수익을 올리지만, 불황기에는 오히려 수요가 더 증가하는 특징을 가진다. 경기 침체로 집을 줄이는 사람들, 사무실을 축소하는 기업들, 비용 절감을 위해 재고를 외부에 보관하는 소상공인들이 늘어나기 때문이다. 불황이 깊어질수록 셀프스토리지의 가치는 오히려 올라간다. 이른바 '경기 사이클 양방향 수요'라는 특성이 존재하는 것이다. 변동성 시대의 대체 자산으로서 셀프스토리지가 주목받는 이유가 바로 여기에 있다.

수익률과 안정성 모두를 가진 미래 자산

투자자 입장에서 셀프스토리지가 가진 매력 중 하나는 임대 구조의 단순성과 긴 사용 기간이다. 셀프스토리지는 일반적인 월 단위 계약 구조를 가지지만, 실제로는 장기 이용자가 많다는 점에서 독립적인 현금 흐름 자산으로 평가받고 있다.

미국셀프스토리지협회SSA가 2015년에 발표한 자료에 따르면, 이용자의 22%가 1~2년, 30%가 2년 이상 서비스를 이용했다. 이는 전체 이용자의 절반 이상이 1년 이상 계속 이용한다는 의미이다. 세입자가 자신의 창고를 종종 잊어버리는 경향은 셀프스토리지에 예상치 못한 수익을 선물하기도 한다. 미국에 본사를 둔 컨설팅 그룹 스토리지 마케팅 솔루션Storage Marketing Solutions의 대표인 데릭 네일러Derek Naylor는 "인간의 게으름은 항상 셀프스토리지 운영자들의 큰 장점으로 작용한다. 심리적으로 감당할 수 있다고 느끼는 한 그들은 그 물건을 영원히 창고에 남겨둘 것"이라고 말했다. 이는 셀프스토리지가 단순한 단기 임대가 아닌, '장기 보관 수요'에 기반을 둔 강력한 수익 자산임을 말해준다. 다시 말해 공실 리스크는 낮고 수익률은 높다는 뜻이다.

유지·관리 비용이 적게 드는 것도 장점이다. 호텔이나 오피스처럼 고급 인테리어, 인력 상주, 잦은 설비 교체가 필요하지 않아 순영업소득NOI, Net Operating Income 비율이 높다. 이런 구조 덕분에 공실 리스크가 낮고, 임대료 인상 적용이 빠르다. 리테일 매장은 경기 침체기에 임대료를 올리기 어렵지만, 셀프스토리지는 매월 3~5%의 인상 폭을 적용해도 이탈률이 높지 않다. 물건을 옮기는 번거로움과 비용이 크기 때문이다. 가격 저항선이 낮고 이탈 장벽이 높다는 점은 자본이 셀프스토리지 시장을 주목하는 가장 현실적인 이유다.

투자의 새로운 방정식

그동안 전통적 부동산 투자 공식은 오피스, 리테일, 물류로 나뉘었다. 그러나 고금리·저성장 환경에서 셀프스토리지는 '낮은 변동성 + 꾸준한 성장률'이라는 희귀한 조합을 제공한다.

미국에 본사를 둔 상업용 부동산 투자 중개 자문 회사인 마커스 & 밀리챕Marcus & Millichap, Inc.은 〈2025년 중간 셀프스토리지 투자 전망〉에서 셀프스토리지를 '주류 상업용 부동산 투자 자산Mainstream CRE Investment Asset Class'으로 명시했다. 이는 지금까지 '니치niche 자산'으로 불리던 셀프스토리지가 메인 스트림으로 진입했음을 의미한다.

이제 부동산 투자 포트폴리오에서 셀프스토리지를 빼놓는 것은 채권 포트폴리오에서 국채를 빼는 것과 같다. 셀프스토리지는 더 이상 부동산 시장의 변두리에 있지 않다. 미국과 유럽에서 이미 검증된 안정성과 성장성을 바탕으로 아시아에서도 빠르게 확산하고 있다. 이는 단순한 유행이 아니라 도시 구조, 소비 패턴, 투자 패러다임의 변화가 만들어낸 필연적 결과다.

현대의 투자 환경은 과거와 다르다. 주식시장은 하루가 멀다고 변동성을 드러내고, 금리 변화에 따라 부동산 시장은 크게 출렁인다. 이런 환경에서 투자자들은 '비상구'를 찾는다. 이 비상구가 바로 셀프스토리지다.

대형화하는 미국 셀프스토리지 리츠

세계적인 대체 투자 자금은 이미 셀프스토리지에 차곡차곡 쌓이고 있다. 미국, 영국, 호주, 싱가포르의 대형 부동산투자신탁(REITs, 이하 리츠) 포트폴리오에는 셀프스토리지가 주요 종목으로 자리 잡았다. 이 혁명적인 전환의 중심에는 단연 미국 시장이 있다. 미국은 셀프스토리지 산업의 본고장이자 이 산업이 '황금알을 낳는 거위'임을 가장 먼저 증명해낸 시장이다. 현재 미국에는 약 5만 개가 넘는 셀프스토리지 시설이 운영되고 있으며, 시장 규모는 약 40조 원에 달한다. 이는 전 세계 셀프스토리지 시장의 절반 이상을 차지하는 압도적인 수치다.

이처럼 셀프스토리지가 미국의 주요 부동산 섹터로 자리 잡은 데에는 리츠의 역할이 지대했다. 1990년대 초반까지 셀프스토리지 시설은 대부분 소규모 개인 사업자나 지역 개발업자들이 운영하는 파편화된 시장이었다. 그러나 1990년대 중반부터 퍼블릭 스토리지Public Storage, PSA, 엑스트라 스페이스 스토리지Extra Space Storage, EXR, 유홀U haul과 같은 대형 사업자가 리츠 형태로 전환하며 상장하기 시작했고, 이는 산업의 대대적인 변화를 이끌었다. 리츠는 대규모 자본을 끌어들여 소규모 시설들을 인수하고 표준화된 운영 시스템을 구축하며 셀프스토리지 산업을 제도권으로 편입시켰다. 이들은 수십조 원 규모의 자산을 운용하며 투자자들에게 꾸준히 높은 배당 수익과 자산 가치 상승이라는 두 마리 토끼를 안겨주었다. 이들의 성공은 셀프스토리지의 가치를 단순히 물리적 공간을 넘어 안정적인 현금 흐름과 장기적인 자본 이득을 제공하는 '금융 상품'으로서 증명한 사례다.

퍼블릭 스토리지는 1972년 처음 설립된 이래 미국 셀프스토리지 산업의 역사를 써내려 온 선구자다. 이들은 1990년대 리츠 구조를 도입하며 개인 소유의 파편화된 시장을 기업화하고, 대규모 자본 조달을 통해 전국적인 네트워크를 구축하기 시작했다. 수십 년간 수많은 소규모 시설을 인수하고 새로운 지점을 개발하며 외형을 키웠고, 그 결과 현재 미국 내 3,400개 이상의 시설과 2억 평방피트 이상의 임대 가능 면적을 보유한 공룡 리츠로 성장했다.

퍼블릭 스토리지와 함께 시장을 양분하고 있는 또 다른 거인은 엑스트라 스페이스 스토리지다. 엑스트라 스페이스 스토리지 역시 1977년 설립된 후 2004년 리츠로 상장하며 본격적인 성장 궤도에 올랐다. 이들은 특히 제3자 관리third-party management 사업 모델을 성공적으로 도입하며 빠르게 몸집을 불렸다. 이는 다른 소규모 소유주들의 셀프스토리지를 엑스트라 스페이스의 브랜드와 운영 시스템으로 관리해주고 수수료를 받는 방식으로, 직접적인 자산 인수에 필요한 자본 부담 없이 네트워크를 확장할 수 있게 했다. 동시에 적극적인 M&A를 통해 자산 기반을 확장해 퍼블릭 스토리지를 위협하는 업계 리더로 자리매김했다.

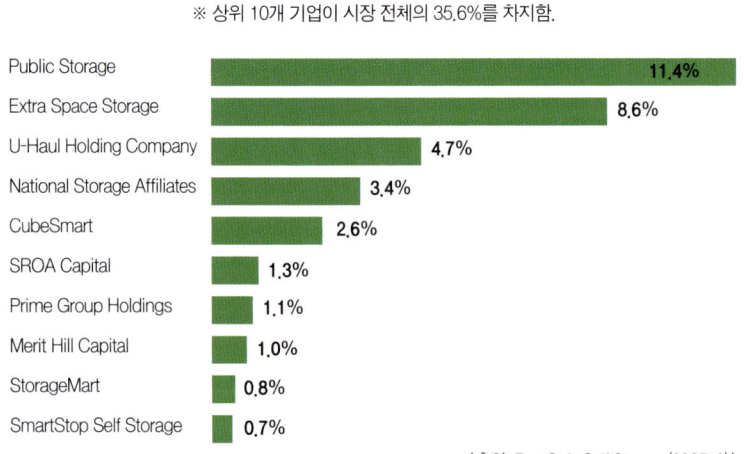

미국 상위 10개 셀프스토리지 기업의 시장 점유율

※ 상위 10개 기업이 시장 전체의 35.6%를 차지함.

〈출처: RentCafe Self Storage(2025. 2)〉

여기서 주목할 점은 셀프스토리지 상장 리츠들이 소규모 셀프스토리지 기업을 인수합병하고 있다는 것이다. 퍼블릭 스토리지는 최근 심플리 셀프스토리지Simply Self Storage를 22억 달러에 인수하며 규모의 경제를 더욱 확장했고, 엑스트라 스페이스 스토리지 역시 라이프 스토리지Life Storage를 127억 달러에 인수하는 메가 딜을 성사시키며 업계의 통합을 주도하고 있다. 이러한 대규모 합병은 시장의 효율성을 높이고, 대형 리츠들이 더 큰 규모의 자본을 유치하며 시장 지배력을 강화하는 최근의 동향을 명확히 보여준다. 과거에 국내에서 소규모 개인사업자들이 운영하던 동네 슈퍼마켓이 차례차례 대기업 유통 브랜드의 편의점 간판을 바꿔 단 것과 일맥상통한다.

리츠의 등장은 셀프스토리지 산업의 금융적 투명성을 높이고, 일반 투자자들도 쉽게 접근할 수 있도록 함으로써 막대한 성장의 발판을 마련했다. 대규모 자본을 바탕으로 리츠들은 미국 내에서 전국적인 네트워크를 구축하고 마케팅 역량을 강화하며 규모의 경제를 실현했다. 이는 소규모 사업자들이 따라잡기 어려운 경쟁 우위가 됐고, 결국 업계의 인수합병M&A을 통한 재편을 가속화했다.

미국 내에는 여전히 소규모 기업이 많지만, 현재 미국 셀프스토리지 시장은 상위 5개 리츠인 퍼블릭 스토리지, 엑스트라 스페이스 스토리지, 큐브스마트, 라이프 스토리지, 내셔널 스토리지 어필리에이츠 National Storage Affiliates가 전체 시장의 상당 부분을 점유하고 있으며, 이들 리츠가 시장 트렌드와 가격을 주도하는 형태다.

더욱 놀라운 것은 미국 셀프스토리지 산업이 지난 수십 년간 경기의 부침에도 불구하고 흔들림 없는 성장세를 보여왔다는 점이다. 2008년 글로벌 금융 위기, 그리고 최근의 코로나19 팬데믹과 같은 전례 없는 경제적 충격 속에서도 다른 부동산 자산들이 큰 폭의 가치 하락을 겪을 때 셀프스토리지 산업은 굳건히 버티며 오히려 그 존재 가치를 빛냈다. 주택 시장이 침체되면 이사가 늘고, 기업들이 비용 절감을 위해 사무실을 줄이면서 남은 집기나 재고를 보관할 공간이 필요해지는 '경기 방어적' 특성 때문이다.

이러한 흐름 속에서 퍼블릭 스토리지, 엑스트라 스페이스 스토리지, 유홀과 같은 셀프스토리지 전문 리츠들은 단순한 창고 임대를 넘어 거대 부동산 투자 기업으로 성장했다.

성장하는 리츠, 진화하는 창고

그렇다면 왜 유독 미국에서 셀프스토리지가 이처럼 폭발적으로 성장해 부동산 투자 시장의 핵심으로 자리 잡을 수 있었을까? 이는 단순한 경제 논리를 넘어선 미국 특유의 사회, 문화, 그리고 제도적 배경이 복합적으로 작용한 결과다.

첫째, 압도적인 인구 이동성이다. 미국은 직업, 학업, 주거 비용 등의 이유로 인구 이동이 매우 활발한 국가다. 잦은 이사는 필연적으로 임시 보관 공간에 대한 수요를 창출하며, 이는 셀프스토리지 산업의 뿌리 깊은 수요 기반이 된다. 주택 구매 시 집을 비워야 하는 '클로징' 기간, 군인들의 장기 파병, 대학생들의 방학 중 짐 보관 등 미국인의 삶 곳곳에 셀프스토리지가 스며들어 있다.

둘째, 광활한 토지와 저렴한 건설 비용이다. 미국의 넓은 국토는 셀프스토리지 시설 건설에 필요한 토지를 비교적 쉽게 확보할 수 있게 했다. 다른 상업용 부동산에 비해 건축 규제가 덜 복잡하고 건설 비용이 저렴해 진입 장벽이 낮아 빠르게 시설을 확충할 수 있었다. 이는 공급 확대를 통해 시장 규모를 키우는 데 결정적인 역할을 했다.

셋째, 규제의 유연성과 자산 인식의 변화다. 초기에는 창고시설로 분류됐지만 셀프스토리지 고유의 특성과 수요가 명확해지면서 미국 내에서는 이를 독립적인 부동산 자산군으로 인정하는 추세가 강하다.

이는 법적, 제도적 기반을 마련하는 데 기여했고, 특히 리츠 형태로의 상장을 용이하게 했다. 미국 투자자들은 이미 리츠에 대한 이해도가 높았고, 셀프스토리지가 다른 부동산 자산과 차별화된 경기 방어적 특성을 지닌다는 점을 빠르게 인지하고 받아들였다.

넷째, 높은 소비자 중심주의와 편의성 추구다. 미국 소비자들은 생활의 편의를 위해 기꺼이 비용을 지불하는 경향이 강하다. 셀프스토리지 역시 단순한 보관을 넘어 생활 공간의 효율성을 높이고 삶의 질을 높이는 서비스로 인식됐다. 드라이브업 시설, 온도 조절 장치, 24시간 접근 등 다양한 편의 시설이 제공되면서 소비자 만족도가 높아졌고, 이는 재이용률과 추천으로 이어져 산업 성장을 견인했다.

미국 셀프스토리지 리츠 시장은 앞으로도 꾸준한 성장세를 이어갈 것으로 전망된다. 물론 과잉 공급 우려나 금리 변동성 등 잠재적 도전 과제는 존재하지만, 이러한 우려를 상쇄할 만한 강력한 성장 동력과 대응 전략이 마련돼 있다.

첫째, 프리미엄화 및 스마트 스토리지로의 진화다. 단순 보관을 넘어 와인 보관, 미술품 보관, 기록물 보관 등 특정 고객의 니즈에 맞춘 프리미엄 서비스가 확대되고 있다. 한편에서 인공지능(AI) 기반의 수요 예측 및 동적 가격 책정 시스템, 로봇을 활용한 물품 운반 시스템 등 첨단 기술이 접목된 스마트 스토리지가 시도되면서 운영 효율성과 고객 경험을 한 단계 끌어올릴 것이다.

둘째, 지속적인 M&A를 통한 시장 통합이다. 여전히 소규모 개인 사업자들이 운영하는 셀프스토리지 시설이 많아 대형 투자사들은 효율성 증대와 시장 지배력 강화를 위해 소규모 시설 인수를 지속할 것이다. 이는 산업의 전반적인 질을 높이고 표준화된 서비스를 제공하는 데 기여할 것으로 보인다.

셋째, 핵심 도시 및 교외 지역으로의 확장이다. 도시 인구 집중 현상과 함께 도심 내 유휴 부지나 노후 건물 리모델링을 통한 도심형 셀프스토리지 공급이 확대될 것이다. 동시에 팬데믹 이후 교외 지역으로의 인구 분산 추세도 셀프스토리지 수요를 확산하는 요인으로 작용할 수 있다.

넷째, 데이터 기반의 운영 최적화다. 투자회사들은 축적된 방대한 데이터를 활용해 각 지역의 수요 패턴, 경쟁 환경, 최적의 가격 등을 분석하고, 이를 바탕으로 마케팅 전략과 운영 효율성을 극대화할 것이다.

미국 시장의 성공 사례는 셀프스토리지에 대한 인식을 완전히 바꿔놓았다. 자산 포트폴리오의 다각화를 모색하는 기관 투자자들에게 새로운 블루오션으로 각광을 받으며, 그 성공 방정식은 이제 전 세계로 확산하고 있다. 셀프스토리지에 대한 투자 시각은 더 이상 미국만의 이야기가 아니다. 이미 워버그핑크스처럼 일본 시장에 대규모로 진출한 글로벌 투자 사례가 증명하듯 아시아 주요 국가들은 물론이고 한국 시장에서도 셀프스토리지 리츠에 대한 관심이 높아지고 있다.

새로운 투자처로 떠오른 아시아

　미국에서 시작된 셀프스트로지 투자의 성공 신화는 이제 아메리카 대륙을 넘어 아시아로 확산하고 있다. 아시아의 주요 도시들은 도시화의 심화, 주거환경의 변화, 그리고 성숙한 투자시장이라는 삼박자가 어우러져 셀프스토리지 투자의 새로운 성장 거점으로 부상하고 있다.

　아시아는 전통적으로 '보관'이라는 개념에 익숙하지 않은 문화권으로 여겨져 왔다. 가족 단위의 공동 주거, 넓은 마당과 창고를 포함한 주택 구조, 그리고 물건을 오래 보관하지 않는 생활 습관은 미국식 셀프스토리지 개념과 거리가 멀었다. 그러나 도시화의 진전과 1인 가구의 증가, 그리고 무엇보다 고밀도 주거환경이라는 현실은 셀프스토리지에 대한 수요를 새롭게 창출하고 있다.

이제, 아시아의 시간이다.

아시아로 몰려드는 거대 자본

이 변화의 움직임을 가장 먼저 감지한 이들은 다름 아닌 글로벌 투자자들이었다. 2019년 세계적 사모펀드PE 워버그핑크스Warburg Pincus는 아시아 사업 확장을 위해 싱가포르 최대 셀프스토리지 운영사인 스토어허브StorHub를 전격 인수했다. 이 인수는 단순한 플랫폼 투자 이상의 의미를 담고 있다. 당시만 해도 아시아 셀프스토리지 산업은 미국과 비교해 극초기 단계였으며, 개별 시장의 발전 속도에도 큰 편차가 존재했다. 그러나 워버그핑크스는 이 산업이 장기적으로 성장할 수 있는 구조적 가능성에 주목했다. 급속한 도시화, 중산층의 확대, 소형 주거공간의 증가, 온라인 쇼핑과 창업의 일상화는 아시아의 셀프스토리지 수요를 견인할 수 있는 사회적, 경제적 조건이었다. 워버그핑크스는 이러한 흐름이 향후 10~20년간 아시아 전역에서 공통으로 나타날 것으로 판단했다.

"지속적인 도시화, 아시아 대도시권의 주택 가격 상승, 그리고 팬데믹 이후 하이브리드 근무 방식으로 인해 셀프스토리지에 대한 강력하고 뿌리 깊은 수요가 지속되고 있다. 아시아 셀프스토리지 산업은 변곡점에 도달했으며 향후 몇 년간 가속화된 성장을 이룰 것으로 예상한다."

리 팬Li Fan 워버그핑크스 상무이사는 아시아 지역에 대한 적극적인 M&A의 배경에 대해 이같이 설명했다.

이후 불과 몇 년 만에 워버그핑크스는 스토어허브를 플랫폼으로 삼아 홍콩, 일본, 말레이시아, 중국, 한국, 호주까지 진출하며 아시아 전역을 무대로 활동하는 지역 최대 규모의 셀프스토리지 네트워크로 성장했다. 특히 일본 시장에서는 도쿄 중심부에서 운영 중이던 로컬 브랜드 스토리지 플러스Storage PLUS와 도쿄 라이제 박스Tokyo Reise Box를 연달아 인수하며 현지 시장에 빠르게 안착했다. 이를 통해 확보한 자산은 단순한 보관 공간이 아닌 도시의 중심에서 부동산 리츠의 핵심 자산으로 기능하고 있다. 이러한 방식은 미국 대형 리츠들의 성장 전략, 즉 소규모 시설의 흡수와 표준화, 네트워크화라는 흐름과 매우 닮아 있다.

워버그핑크스의 아시아 기업 인수합병은 대형 사모펀드가 처음으로 본격적인 '셋업 투 그로스set-up to growth' 모델을 들고 아시아에 진입한 사례였다. 단순히 회사를 인수한 후 키우는 것을 넘어, 성장 잠재력이 높은 시장에서 탄탄한 기반set-up을 먼저 구축한 뒤 폭발적인 성장growth을 이끌어냈다. 투자 업계는 이 움직임을 단순한 예외로 보지 않았다. 워버그핑크스의 행보는 이제 셀프스토리지도 아시아에서 리츠와 사모펀드의 투자 대상이 될 수 있다는 인식을 확산시켰고, 이후 몇 년 사이 다수의 부동산 투자사와 글로벌 자본이 셀프스토리지 플랫폼을 주목하게 되는 계기가 됐다.

실제로 아시아 시장에서 셀프스토리지에 눈독을 들이는 투자자는 늘고 있다. 2023년 세계 3대 연금 자산운용사 중 하나인 APG는 싱가포르 국부펀드 계열사인 캐피탈랜드 인베스트먼트CapitaLand Investment와 함께 싱가포르 기반의 셀프스토리지 기업 엑스트라 스페이스 아시아Extra Space Asia를 공동 인수했다. 인수 금액은 약 8억 싱가포르달러(한화 약 5,700억 원)에 달한다. 엑스트라 스페이스 아시아는 싱가포르, 말레이시아, 홍콩, 대만, 일본 등 6개국에 약 80개 이상의 셀프스토리지 시설을 운영하는 아시아 대표 브랜드다. 이들은 일본의 물류기업 게이오 로지스틱스Keiyo Logistics와 제휴를 맺고 '프라이빗 박스 바이 엑스트라 스페이스'라는 브랜드를 통해 일본 내 시장 확장을 본격화하고 있다. 이 역시 단순한 창고 사업이 아닌 명확한 리츠 모델을 전제로 한 확장 전략이다. 캐피탈랜드는 이미 싱가포르 증시에 상장된 리츠들을 다수

보유하고 있으며, 이 투자 역시 자산화와 상장을 염두에 두고 진행된 프로젝트로 평가된다.

아시아 부동산 시장에 눈독을 들여온 사모펀드 운용사 블랙스톤Blackstone도 가세했다. 블랙스톤은 홍콩에서 스토어프렌들리Storefriendly와 합작 투자를 통해 산업용 건물을 셀프스토리지 시설로 전환하는 등 아시아 지역 내에서 전략적인 움직임을 보여 왔다.

시간을 더 거슬러 올라가면 일본에서 셀프스토리지가 본격적으로 성장하기 전인 2013년에 이미 진출해 장기 투자를 해온 투자사도 있다. 에버그린 부동산 파트너스Evergreen Real Estate Partners는 2013년 일본 최대 기업인 큐라즈Quraz를 인수했다. 이 과정에서 푸르덴셜과 같은 주요 금융 기관들이 일본 내 주요 셀프스토리지 거래에 대한 자금 조달을 선도하도록 장려했다.

이러한 글로벌 거대 자본의 유입은 아시아 셀프스토리지 시장이 단순한 틈새시장을 넘어 본격적인 기관 투자 대상으로서의 위상을 확보했음을 의미한다.

투자자들이 본 아시아의 기회

글로벌 대형 투자사들은 왜 지금, 아시아 셀프스토리지 시장에 주목하는 것일까? 그 배경에는 여러 가지 구조적 이유가 존재한다.

첫째, 아시아는 지금 극적인 도시화의 변화를 겪고 있다. 특히 도쿄, 서울, 홍콩, 싱가포르 등 주요 도시들은 고밀도 개발과 좁은 주거 면적으로 인해 생활 공간의 부족을 호소하고 있다. 수납공간이 절대적으로 부족한 작은 집에서 살아가는 사람들이 늘어나면서 '외부 창고'에 대한 수요는 자연스럽게 늘어났다.

둘째, 주거의 소형화와 1~2인 가구의 증가다. 이는 미국에서도 셀프스토리지가 성장했던 핵심 배경이었고, 아시아에서도 유사한 트렌드가 관찰되고 있다. 혼자 사는 사람, 아이가 없는 부부, 자취 중인 대학생 등은 비교적 잦은 이사를 경험하며 임시 보관 공간을 필요로 한다.

셋째, 팬데믹 이후 디지털 기반의 비대면 소비가 일상이 되면서 개인 창고 혹은 소규모 물류 창고의 역할에 대한 수요도 덩달아 커졌다. 온라인 셀러, 1인 브랜드, 프리랜서 등의 확산은 '작지만 유연한 공간'에 대한 수요를 폭발적으로 증가시켰다.

이렇게 잠재력이 높은데도 미국이나 유럽에 비해 아시아 시장의 셀프스토리지 사용률은 현저히 낮은 수준이다. 그러나 이 점이 오히려 투자자들에겐 더 매력적으로 다가온다. 아시아 최대 셀프스토리지 시장인 일본조차도 전체 가구의 약 1%만이 셀프스토리지를 이용하고 있다. 국민 10명 중 1명이 셀프스토리지를 이용하는 미국과는 상당한 차이가 있다. 현명한 투자자들은 앞으로 보급률이 2%, 3%, 그리고 그 이상으로 높아질 것으로 예측하고 이 시장을 주시하고 있다. 사실상 지금의 시장 규모를 2배, 3배로 키울 수 있을 것으로 내다보는 것이다. 더욱이 도쿄와 오사카에 집중된 셀프스토리지가 앞으로 더 많은 도시로 확산할 것으로 기대하고 있다.

아시아의 셀프스토리지는 이제 막 꽃을 피우기 시작한 자산군이다. 아직 시장 초기 단계이며, 제도적 기반이나 문화적 수용성 면에서 미국과 비교해 한참 뒤처진 것이 사실이다. 그러나 반대로 말하면, 가장 빠르게 성장할 수 있는 여지가 남아 있는 시장이기도 하다.

지금 아시아에서 벌어지고 있는 일은 단순한 공간 비즈니스의 확장이 아니다. 이는 글로벌 자산 시장이 셀프스토리지라는 새로운 카테고리를 어떻게 받아들이고, 이를 금융 자산으로 어떻게 구조화할 수 있는지를 보여주는 살아있는 실험실이다.

아시아 셀프스토리지의 선진 실험실들
: 일본, 홍콩, 싱가포르

글로벌 자본이 아시아 주요 거점 도시에 속속 진입해 셀프스토리지를 투자 포트폴리오에 편입하고 있다는 것은 앞서 살펴본 바와 같다. 이는 단순한 지역 확장이 아닌 도시 구조와 생활 방식의 변화가 이끄는 필연적인 움직임이라는 점도 언급했다.

그러나 아시아 셀프스토리지 시장은 결코 하나의 경로로 나아가지 않았다. 각국은 저마다 다른 도시 환경과 정책 환경 속에서 셀프스토리지를 전혀 다른 모습으로 받아들였다. 어떤 도시는 셀프스토리지를 고급화된 도심형 자산으로 발전시켰고, 어떤 도시는 공간 부족 문제를 풀기 위한 현실적 해법으로 기능시켰다. 또 어떤 도시는 규제와 사회적 수요의 간극을 좁혀가며 자산으로서의 정당성을 조금씩 획득해 왔다. 바로 이러한 차이들이 셀프스토리지가 '주택 다음의 공간'이라는 본질을 도시마다 어떻게 다르게 구현해내는지를 보여준다.

앞서 거시적 관점에서 아시아 리츠 시장의 움직임과 자본 흐름을 다뤘다면, 이제는 미시적 시선으로 아시아 주요 도시의 셀프스토리지가 실제로 어떻게 작동하고 있는지를 들여다볼 차례다. 이는 셀프스토리지가 도시와 생활 속에 얼마나 깊숙이 자리 잡고 있는지를 파악하기 위한 과정이기도 하다.

일본, 싱가포르, 홍콩. 이 세 나라는 아시아 셀프스토리지 산업에서 가장 먼저 제도와 수요가 만나 성숙한 시장을 이룬 지역이다. 제도적 정착, 브랜드의 성장, 리츠 자산으로의 편입, 도시 기능과의 결합 등 제각기 다른 조건 속에서 셀프스토리지를 도시 시스템에 내재화시킨 선진적 실험 국가들이다. 이 세 시장은 아시아 셀프스토리지 산업의 '앞서간 미래'이자 향후 아시아 전역으로 확산할 트렌드를 먼저 체험하고 있다.

아시아 주요 국가별 셀프스토리지 시장 규모 및 현황(2024년 추정치)

아래 표는 2024년 추정치를 기준으로, 아시아 주요 국가들의 셀프스토리지 시장 규모를 비교한 것이다. 순위는 시장 규모 기준이다.

순위	국가	추정 시장 규모 (백만 USD)	아시아 주요 시장 점유율(대략적 추정치)	비고
1	일본	2,200~2,700	약 45~50%	아시아에서 가장 성숙하고 큰 시장, 높은 도시화율을 포함한 주거 환경이 주요 동력.
2	홍콩	600~900	약 10~15%	극심한 공간 제약과 세계 최고 수준의 부동산 가격으로 인한 필수 보관 공간.
3	싱가포르	350~550	약 5~10%	아시아 금융 허브, 높은 인구 밀도, 효율적인 공간 활용 및 기술 도입 선도.
4	한국	150~250	약 2~5%	빠르게 성장 중인 신흥 시장, 1인 가구 증가 및 라이프스타일 변화에 따른 수요 확대.

※ 시장 규모 수치는 시장 조사 기관(Mordor Intelligence, Grand View Research, ResearchAndMarkets 등)의 2024년 시장 전망 보고서를 종합해 대략적인 범위를 제시한 것.이다. 보고서마다 정의 및 예측 모델이 달라 수치에 약간의 차이가 있을 수 있다.

일본: 규제와 수요 사이에서 꽃핀 고밀도 창고 산업

앞서 일본 방문기에서도 이미 엿보았듯 일본은 아시아 셀프스토리지 시장의 최고참 선배이자 모범생이다. 일본은 약 20여 년 전부터 시장이 형성되기 시작해 현재는 높은 도시화율과 독특한 주거 문화가 결합해 안정적인 성장세를 보이며 아시아 셀프스토리지 시장의 역사를 써내려 왔다. 2024년 기준으로 아시아 전체 셀프스토리지 시장의 40%

이상을 점유할 정도로 일본 시장의 존재감은 크다.

일본은 셀프스토리지가 '도시형 자산'으로 기능할 수 있음을 보여준 대표적인 사례이기도 하다. 일본의 대도시는 전통적으로 고밀도 도시 구조와 높은 주택 가격, 소형 평형 중심의 주거 문화라는 특수성을 안고 있다. 이러한 조건은 자연스럽게 '외부 수납 공간'에 대한 수요를 촉진했다.

일본 기업들은 기술 혁신을 적극적으로 수용해 스마트폰으로 출입을 통제하고 택배 배송 서비스를 제공하는 등 고객 편의를 높이기 위한 다양한 서비스를 도입했다. 특히 공간 제약과 높은 부동산 가격으로 인해 스토리지 솔루션 수요가 지속적으로 증가하는 대도시 지역에서 셀프스토리지 시장은 놀라운 회복력을 보였다. 도시 지역의 소규모 주거 공간 증가 추세와 비즈니스 스토리지 솔루션에 대한 수요 증가는 전국적으로 강력한 셀프스토리지 서비스 생태계를 구축했다.

일본 셀프스토리지 시장의 선구자는 단연 큐라즈(Quraz)다. 큐라즈는 2000년대 초부터 도쿄, 오사카, 요코하마 등 대도시권의 중심지에 고급 셀프스토리지 시설을 운영하며 프리미엄 브랜드로 자리 잡았다. 이들은 단순한 철제 컨테이너나 창고 건물이 아닌, 복층형 건물 내에 환기 시스템과 보안 장치를 완비한 '도심형 프리미엄 창고'를 구현했다. 접근성과 청결, 쾌적함을 내세운 이 전략은 일본 특유의 소비자 취향과 맞물려 성공을 거두었다.

일본 셀프스토리지 시장에서 큐라즈와 함께 양대 산맥으로 꼽히는 기업이 바로 현재 일본 시장 1위인 헬로스토리지(Hello Storage)다. 헬로스토리지는 1999년 설립 이후 꾸준히 전국 단위로 사업망을 확장해왔으며, 현재 2,000개 이상 지점을 운영 중이다. 이들은 도심 외곽과 주거 밀집 지역에 집중해 '생활 밀착형 수납 공간'이라는 콘셉트를 강화해왔다.

큐라즈가 비교적 고급 오피스 지역을 중심으로 기업 수요나 전문직 수요에 초점을 맞췄다면, 헬로스토리지는 일반 가정용 수요와 중소규모 창고 이용자에게 더 가까이 다가가고자 했다. 특히 차량 접근성과 편의성을 중시한 설계, 실외형(Storage Container) 모델 운영 등은 큐라즈와 차별화된 전략의 일환이다.

이처럼 일본 셀프스토리지 시장은 단일한 성장 경로가 아닌, 각기 다른 포지셔닝과 운영 방식을 지닌 복수의 플레이어들이 경쟁과 공존을 이어가며 시장의 층위를 다져왔다.

흥미로운 점은 일본이 '토지 이용 규제'가 매우 엄격한 나라임에도 불구하고 이 틀 안에서 셀프스토리지가 도시 내 상업용 자산으로 제자리를 찾았다는 점이다. 일본에서는 창고시설이 '창고업법' 및 '건축기준법'의 적용을 받는다. 특정 용도지역에서는 용도 변경과 개발 자체가 까다롭다. 그러나 오히려 이런 규제 환경은 셀프스토리지를 정식 비즈니스로 운영하는 법인을 선별하고 시설의 전문성과 안정성을 높이는 결과를 낳았다.

일본 셀프스토리지 시장은 몇 가지 독특한 특징과 함께 기술적 진보를 보여준다. 철저한 관리와 청결함은 일본 특유의 높은 서비스 표준을 반영하며 고객 만족도를 높이는 핵심 요소다. 지진이 잦은 국가인

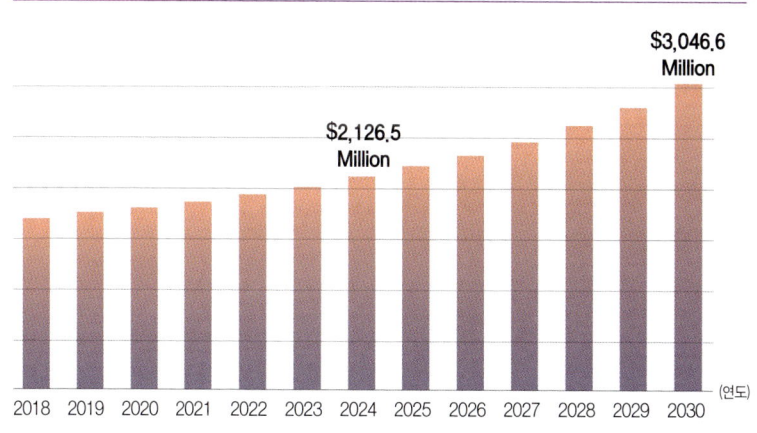

〈출처: Grand Veiw Research〉

만큼 강화된 내진 설계는 물론 항온항습 기능까지 갖춘 시설들이 많아 보관 물품의 안전성을 최우선으로 고려한다. 도심형 시설은 지하철역 인근 빌딩 내에, 교외형 시설은 드라이브 스루 방식이나 주차 공간이 충분한 대형 창고 형태로 운영되는 등 다양한 접근 방식을 제공한다. 키오스크를 통한 무인 계약 및 결제, 스마트폰 앱을 통한 출입 통제, 24시간 CCTV 감시 시스템 등 첨단 기술 도입 역시 활발히 이루어져 운영 효율성을 높이고 고객 편의를 극대화하고 있다.

앞으로도 일본 셀프스토리지 시장은 안정적인 성장을 이어갈 것으로 보이지만, 고령화 사회 진입이나 인구 감소가 장기적인 수요에 미칠 영향, 그리고 경쟁 심화로 인한 가격 경쟁 압력 등 몇 가지 도전 과제도 안고 있다. 그럼에도 불구하고 시장 통합의 가속화, 와인 보관이나 미술품 보관 등 프리미엄 및 특화 서비스의 확대, 그리고 데이터 기반 운영을 통한 수익성 극대화 등 다양한 진화를 모색하며 아시아 셀프스토리지 시장의 성장 모델을 제시하고 있다.

홍콩: 극단적 공간 제약 속의 필수 생존 공간

홍콩입법회Legislative Council의 연구보고서에 따르면 2021년 기준 홍콩 1인당 평균 주거 면적은 16㎡로 아시아 주요 도시들보다 현저히 좁은 것으로 나타났다. 홍콩의 아파트 평균 크기는 매우 작고 제곱미터당 가격은 세계 최고 수준에 달해 집 안에 많은 물건을 보관하는 것이 물리적으로나 경제적으로 불가능에 가깝다. 이는 셀프스토리지 수요를 폭발적으로 증가시키는 가장 강력한 동력이 됐다. 홍콩에서 셀프스토리지는 단순한 편의 시설을 넘어 도시민의 삶에서 '필수적인 생존 공간'으로 인식될 정도로 절박한 시장이다.

동시에 홍콩이 아시아의 금융 및 무역 허브로서 활발한 국제 비즈니스 활동이 이루어진다는 점도 중요하다. 수많은 외국계 기업과 주재원들의 단기 체류, 이사, 비즈니스 서류 및 재고 보관과 같은 다양한 수요가 셀프스토리지 이용으로 이어졌다.

홍콩 시민들의 소비문화와 다양한 수집 취미 역시 중요한 수요 요인이다. 소중한 물건들을 집이 아닌 안전하고 깨끗한 외부 공간에 보관하려는 니즈가 강하기 때문이다.

마지막으로 과거 산업 쇠퇴로 생긴 노후 창고 건물들이 셀프스토리지 시설로 용도 변경되면서 공급을 확대하는 중요한 역할을 했다. 이 때문에 홍콩의 셀프스토리지 시설은 대부분 산업용 건물의 리노베이션을 통해 조성된다. 창고로 사용되던 빌딩이나 공장 건물을 내부 리모델링해 수십 개의 개인 수납 공간으로 나누고, 이를 디지털 키, CCTV, 온도조절 장비 등으로 관리하는 방식이다. 기존 오피스텔이나 주거용 빌딩을 리노베이션하기 어려운 홍콩의 특성상, 이러한 전환형 개발은 필연적인 대안으로 작용했다.

홍콩의 셀프스토리지 시장은 높은 임대료와 공간의 희소성으로 인해 경쟁이 매우 치열하다. 소수의 대형 플레이어들이 시장을 주도하며 프리미엄 서비스에 집중하는 경향을 보인다. 대표적인 기업으로는 스토어프랜들리Storefriendly가 있다. 2000년대 초반부터 홍콩 전역에서 셀프스토리지 시설을 운영해온 선두주자로, 혁신적인 마케팅과 고객 서비스로 정평이 나 있다. 특히 사모펀드 블랙스톤과 합작 투자를 통해 산업용 건물을 대규모로 리노베이션하며 빠르게 점유율을 높이고 있다. 이는 글로벌 자본이 홍콩 셀프스토리지 시장에 얼마나 큰 기대를 걸고 있는지를 명확히 보여준다.

현대적이고 접근성 좋은 시설을 제공하는 모노박스Monobox와 워버그핑크스가 지원하는 스토어허브 역시 홍콩 시장에 진출해 기존 플레이어들과 경쟁하며 점유율을 확대하고 있다. 물론 소규모 독립 운영사들도 존재하지만, 대형 사업자들의 규모의 경제와 서비스 품질에 밀려

점차 시장 통합의 대상이 되고 있다.

홍콩 셀프스토리지 시장은 몇 가지 독특한 특징과 차별화 전략을 보인다. 토지 부족으로 인해 셀프스토리지 시설이 일반 상업 빌딩이나 산업 건물 내에 여러 층에 걸쳐 운영되는 초고층 건물 내 다층 구조가 일반적이며, 효율적인 수직 공간 활용이 필수다.

공간이 매우 귀하기 때문에 셀프스토리지 임대료 또한 상당히 높아 단위 면적당 고수익을 창출하며 투자 매력을 높이는 요인이 된다. 고가 물품 보관 수요가 많으므로 철저한 보안 시스템과 프리미엄 서비스가 매우 발달해 있다. VIP 고객을 위한 맞춤형 서비스, 픽업/딜리버리 서비스, 와인 보관 전용 셀러 등 고급 서비스가 다양하게 제공된다.

흥미로운 점은 홍콩에서 셀프스토리지가 단순히 개인 수납을 넘어 소상공인과 온라인 판매자들의 마이크로 물류 거점으로 활용된다는 점이다. 좁은 도심에서 상품을 진열하고 보관할 수 있는 공간이 절대적으로 부족하기 때문에 셀프스토리지는 '소상공인의 백오피스'로 기능하고 있다.

물론 넘어야 할 과제도 있다. 2016년 셀프스토리지 시설에서 화재가 발생해 소방안전 기준이 강화되면서 신규 개발에 일정한 제약이 생겼다. 그러나 이후 대부분의 기업은 정부 규정을 충족시키는 방식으로 설비를 개선했고, 오히려 이 계기를 통해 산업의 '표준화'와 '안전 인식'이 강화되는 결과를 낳았다.

홍콩 셀프스토리지 시장은 강화된 규제라는 도전 과제에 직면해 있지만, 강력한 수요는 변함없이 시장을 지탱하고 있다. 홍콩의 극단적인 공간 제약은 단시간 내에 해결될 문제가 아니므로 셀프스토리지에 대한 기본적인 수요는 계속될 것으로 보인다.

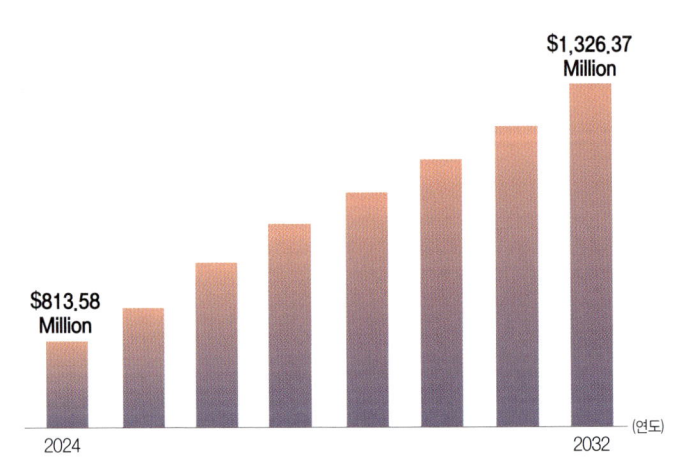

홍콩 셀프스토리지 시장 전망

〈출처: Verified Market Research(2023)〉

싱가포르: 공간 부족이 만든 고수익 리츠 자산

아시아에서 셀프스토리지가 투자 자산으로서 가장 정돈된 시장을 찾으라면 단연 싱가포르를 꼽는다. 싱가포르는 국토 면적이 작고 인구 밀도가 세계 최고 수준인 도시국가라는 특수한 환경 속에서 셀프스토리지 산업을 매우 효율적이고 혁신적으로 발전시켜 왔다. 전체 인구의 80% 이상이 공공주택HDB에 거주하는 주거 구조상 실내 수납공간이 절대적으로 부족하다. 이 때문에 이곳에서는 '공간의 효율성'이라는 가치가 극대화되며, 셀프스토리지는 현대 도시 생활의 필수적인 공간 솔루션으로 자리매김했다. 여기에 더해 높은 가계 소득과 서구화된 라이프스타일은 소비를 촉진하고 물품 증가로 이어져 셀프스토리지에 대한 새로운 수요를 창출했다. 싱가포르가 아시아의 주요 글로벌 무역 및 금융 허브라는 점도 중요하다. 수많은 다국적 기업의 문서 보관, 재고 관리 등 다양한 비즈니스 수요가 셀프스토리지 산업 성장의 중요한 축을 담당하고 있다.

싱가포르에서는 이미 2000년대부터 스토어허브, 엑스트라 스페이스 아시아 등 전문 브랜드가 등장해 고층형 셀프스토리지 건물을 운영해왔다. 상대적으로 소수의 대형 플레이어들이 시장을 주도하며 효율적인 운영과 기술 혁신에 집중하는 경향을 보인다. 이들은 시설의 고급화, 자동화, 보안 기술 도입을 통해 단순 창고가 아닌 '프라이빗 공간'이라는 이미지를 심는 데 성공했다.

특히 주목할 점은 싱가포르에서 셀프스토리지가 아시아에서는 선도적으로 리츠 자산으로 본격 편입되고 있다는 사실이다. 싱가포르는 세계에서 가장 발달한 리츠 시장을 갖춘 국가 중 하나로, 부동산 자산의 상장과 유동화가 활발하다. 워버그핑크스가 인수한 스토어허브와 싱가포르 상장 리츠 중 하나인 프레이저스 로지스틱스 & 커머셜 트러스트FLCT는 물류 및 상업용 부동산 포트폴리오에 셀프스토리지 자산을 편입하는 등 기존 자산의 가치를 높이는 전략을 시도하며 셀프스토리지가 리츠 포트폴리오의 안정성과 수익성을 높일 수 있음을 보여주고 있다. 싱가포르 증시에 상장된 리츠들은 물류창고, 데이터센터, 오피스, 리테일에 이어 셀프스토리지를 새롭게 편입하고 있으며, 캐피탈랜드 인베스트먼트가 주도한 엑스트라 스페이스 아시아의 인수 건은 그 대표 사례로 꼽기에 충분하다.

리츠 투자자들에게 셀프스토리지는 소형 자산임에도 불구하고 수익률이 높고, 공실률이 낮으며, 수요가 안정적이라는 장점으로 부각되고 있다. 특히 싱가포르처럼 부동산 공급이 제한된 시장에서는 이러한 특성이 더욱 두드러진다.

정부 차원의 정책도 셀프스토리지 확산에 우호적이다. 싱가포르 주택개발청HDB은 셀프스토리지를 포함한 '라이프스타일 공간' 확충에 긍정적이며, 일부 지역에서는 주차장, 공공시설과 연계한 복합형 셀프스토리지 개발도 시도되고 있다. 싱가포르는 셀프스토리지를 단순한 부수 시설이 아닌, 도시 기능의 일부로 받아들이는 정책 수용성 면에서도 독보적인 위치를 점하고 있다.

싱가포르 셀프스토리지 시장은 높은 시장 포화도와 치열한 경쟁이라는 도전 과제를 안고 있지만, 이를 극복하기 위한 혁신적인 시도들이 계속되고 있다. 노후화된 산업 건물이나 상업용 공간을 셀프스토리지로

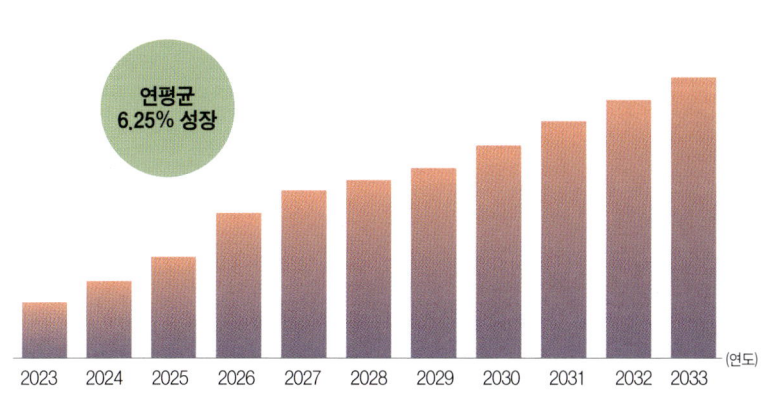

싱가포르 셀프스토리지 시장 전망

〈출처: Spherical Insights〉

전환하는 기존 자산의 용도 변경 프로젝트가 활발히 진행될 것으로 예상된다. 싱가포르는 제한된 물리적 환경 속에서도 기술과 효율성을 바탕으로 셀프스토리지 산업의 모범적인 성장 모델을 제시하고 있다.

도시의 미래를 실험하는 거점들

이처럼 일본, 홍콩, 싱가포르는 각기 다른 제도와 환경 속에서 셀프스토리지의 가능성을 실험하며 선진적인 모델을 구축해 왔다. 일본은 안정적인 수요와 기관 투자의 유입으로 시장 통합을 가속화하고 있으며, 홍콩은 극단적인 공간 제약 속에서 필수적인 생존 공간이자 고가치 자산 보관처로 진화하고 있다. 싱가포르는 제한된 공간을 효율과 기술로 극복하는 스마트한 모델을 제시한다.

세 도시의 공통점도 있다. 도시가 압축될수록 셀프스토리지의 수요는 자연스럽게 상승한다는 경험을 공유하고 있다는 점이다. 이들 시장은 셀프스토리지를 일시적 유행이 아닌, 도시 기능의 한 축으로 받아들이는 단계에 도달하고 있으며, 이를 통해 셀프스토리지가 부동산 자산으로 자리 잡을 수 있는 제도적 조건을 하나씩 하나씩 정립하고 있다.

셀프스토리지는 지금 아시아의 도시에서 가장 작지만 가장 빠르게 성장 중인 공간 실험이다. 그리고 이 실험은 이제 막 시작됐다.

국민연금의 투자가 한국 시장에 불러올 파급 효과

그렇다면 한국은 어떨까? 한국에서는 셀프스토리지를 부동산 투자 자산으로 보는 시각은 아직 미미하다. 대부분의 사업자가 소규모로 운영되거나, 대기업이더라도 자사 사업의 일부로 운영하는 경우가 많아 셀프스토리지 자체를 전문으로 하는 대형 리츠는 사실상 부재한 상황이다. 시장 전체 규모가 아직 작고, 일반 투자자들에게 생소하기 때문이다.

그런데 이러한 상황을 단번에 뒤집을 만한 사건이 일어났다. 2024년 8월 부동산 시장은 예상치 못한 뉴스에 술렁였다. 국민연금이 10여 년 만에 다시 국내 부동산 시장에 발을 들이기로 결정한 것이다. 그것도 단순한 복귀가 아니라 전략적이고 상징적인 복귀였다. 국민연금이 발표한 '코어 플랫폼 펀드Core Platform Fund'라는 이름의 투자 계획은 안정성과 수익성을 동시에 담보하는 부동산 포트폴리오 구성을 목표로 했고, 투자 대상에 놀랍게도 셀프스토리지가 포함됐다. 규제의 장벽이 사라짐과 동시에 연 1,140조 원을 운영하는 세계 3대 연기금인 국민연금이 움직이며 셀프스토리지가 마침내 제도화된 시장으로 진입하기 위한 마지막 퍼즐이 맞춰졌다.

국민연금의 투자 결정은 단순한 숫자나 정책 변경의 의미를 넘어선다. 그동안 시장 주변부로 평가되던 셀프스토리지가 이제는 국민의 노후자금을 운용하는 대표 공적기금의 공식 투자처로 선정됐다는 뜻이다.

'코어 자산'의 자격을 얻다

국민연금의 코어 플랫폼 펀드는 총 7,500억 원 규모로 조성된다. 이 중 지난 3월 선정된 위탁 운용사 3곳인 KB자산운용, 삼성SRA자산운용, 캡스톤자산운용에 각각 2,500억 원씩 출자된다. 운용사는 동일한 금액을 매칭 출자해 총 5,000억 원 규모의 펀드를 운용하게 되는데, 핵심은 그중 30%를 반드시 '뉴 이코노미New Economy' 분야에 투자해야 한다는 점이다.

뉴 이코노미란 기존의 오피스, 리테일 중심의 전통 부동산과 구분되는 차세대 성장 분야를 지칭한다. 데이터센터IDC, 도심형 물류, 라이프 사이언스(바이오·의료), 그리고 셀프스토리지가 이에 해당한다.

뉴 이코노미 섹터는 대체로 고도 성장 산업군이지만, 자본 집약도나 기술 장벽 등에서 큰 차이를 보인다. 데이터센터, 도심형 물류, 라이프 사이언스 시설(병원, 바이오 연구소 등)이 각축을 벌이는 가운데, 상대적으로 조용히 주목받고 있는 자산군이 바로 셀프스토리지다.

표면적으로 셀프스토리지는 가장 작고 단순해 보이는 분야다. 다른 자산과 달리 도시 중심부에 대규모 물류 인프라를 구축해야 하는 것도 아니다. 하지만 바로 그 점에서 이 자산군은 기존 뉴 이코노미 자산군들과 차별화된다.

우선 자본 소요 측면에서 셀프스토리지는 탁월한 장점을 가졌다. 데이터센터나 바이오 시설처럼 수천억 원에서 조 단위까지 투입되는 대규모 자산과 달리, 셀프스토리지는 수십억에서 수백억 원 단위로도 운영할 수 있다. 이는 중소형 자산운용사나 초기 진입자들도 접근할 수 있는, 이른바 진입 저항이 낮은 자산군이라는 뜻이다.

운영 수익 측면에서도 셀프스토리지는 상대적으로 안정적이다. 데이터센터는 기술 진화 속도에 따라 수익 구조가 달라지고 워낙 덩치가 크다 보니 수요 기업도 극소수로 한정돼 있다. 도심 물류시설은 물류망의 변화나 규제, 교통 인프라의 영향을 많이 받는다. 반면, 셀프스토리지는 일정한 수요 기반과 반복적인 소비 패턴, 예를 들어 계절용품 보관, 이사, 1인 가구 증가, 비주거용 창고 수요 등을 바탕으로 저위험 고안정성 수익 구조를 형성할 수 있다. 더욱이 규제의 장벽도 해소됐다.

무엇보다도 셀프스토리지는 AI 및 IoT 기술을 통한 운영 고도화가 비교적 쉽고 빠르다. 각종 보안 시스템, 무인 출입 관리, 스마트 예약·결제 시스템 등을 통해 자동화가 가능하며, 특히 이용 데이터가 쌓이면 향후 운영 효율과 수익성 개선의 여지가 크다. 이러한 '기술적 흡수력'은 투자자들에게 셀프스토리지를 기술-운영-자산을 연결하는 플랫폼 자산으로 인식하게 만든다.

물론 셀프스토리지에도 구조적 한계는 존재한다. 아직은 국내 시장 규모가 작아 규모의 경제 실현이 어려운 게 사실이다. 소형 단위로 운영되기 때문에 자산 규모를 키워야 부동산 투자자산 편입이나 기관투자자 유치가 가능하며, 이는 곧 지역 단위의 브랜드 확장과 운영 표준화가 병행돼야 하는 숙제로 이어진다.

그럼에도 불구하고 셀프스토리지는 '작지만 유연하며, 성장성이 높은' 자산군이라는 평가를 받는다. 진입 장벽이 낮고, 초기 자본 부담이 적으며, 수익성이 빠르게 가시화되는 구조 덕분에 연기금이나 기관투자자들이 선택 가능한 '현실적인 대안 자산'으로 급부상하고 있다.

뉴 이코노미 내 셀프스토리지의 독보적 강점

구분	데이터센터(IDC)	도심형 물류	라이프사이언스	셀프스토리지
자본 소요	수천억~조 단위	대규모 부지·물류망 필요	고가 연구시설 필요	소형~중형 규모, 투자자본 부담 낮음
진입 장벽	규제·전문성 높음	대기업 중심	전문 지식·연구 필요	상대적으로 진입 용이
수익 안정성	장기 계약	유통변화 영향 큼	R&D 투자 성패에 의존	저위험·수익 안정적
시장 성장성	AI·클라우드 수혜	이커머스 확대	의료 수요 증가	1인 가구 증가, 공간 축소
운영 효율화	고도 기술·자동화	스마트 물류 기술	R&D 사이클 불확실	AI·IoT 운영 고도화
IRR 확보 가능성	IRR 6~8%	규모화 전제	높은 초기 비용	8% 이상도 가능

셀프스토리지 시장 제도화의 신호탄

연기금의 투자는 단순한 수익 실현을 넘어 하나의 산업을 제도화하는 결정적 신호로 작용한다. 특히 보수적 운용 원칙을 따르는 공적 기금이 움직인다는 것은 해당 자산이 일정 수준의 안정성과 신뢰도를 갖추었음을 의미한다. 글로벌 투자 시장에서는 오래전부터 이런 공식을 인정해왔다. 셀프스토리지 분야 역시 예외는 아니었다.

대표적인 사례는 네덜란드 최대 연기금 운용사인 APG가 주도한 엑스트라스페이스 아시아(Extra Space Asia(ESA)) 인수 건이다. APG는 아시아 도시의 급격한 도시화, 전자상거래의 확대, 그리고 아직 성숙되지 않은 셀프스토리지 시장의 잠재력에 주목했다. 싱가포르 국영 부동산 투자회사인 캡타랜드 인베스트먼트(CLI)와 함께 초기 5,300억 원을 공동 출자했고, 향후 1조 원 이상까지 투자 규모를 확대할 수 있는 구조로 계약을 체결했다. 그 결과 ESA는 싱가포르, 서울, 도쿄 등 아시아 주요 도시에서 70개 이상의 시설을 운영하며 공실률 10% 미만을 유지하는 성과를 거두고 있다. APG의 참여 이후 ESA는 단순 운영을 넘어 아시아 전역을 아우르는 통합 플랫폼으로 자리 잡았다.

미국의 경우는 이미 셀프스토리지가 제도권 자산으로 정착한 선례다. CalPERS(캘리포니아공무원연금)나 TIAA(미국교직원연금) 같은 대표적인 연기금들은 오랫동안 셀프스토리지를 리츠 포트폴리오의 핵심 자산으로 편입해왔다. 이들은 안정적인 배당 수익과 자산 가치 상승이라는 두 가지 목표를 모두 실현해내며, 리츠 내에서도 최고의 퍼포먼스를 자랑해왔다.

무엇보다 미국에서는 셀프스토리지가 오랫동안 상장 리츠 산업 내에서 가장 높은 수익률을 기록한 분야였다. 지난 30년간 S&P 리츠 지수 내에서 셀프스토리지 리츠는 평균 수익률 기준 압도적 1위를 유지해왔다. 미국 공적연기금과 기관투자자들의 포트폴리오에는 셀프스토리지가 이미 기본 자산으로 포함돼 있으며, 이 구조가 유럽과 아시아로 확산하고 있다.

한국 셀프스토리지 시장 또한 국민연금의 투자로 기대할 수 있는 효과가 상당하다. 우선은 추가적인 민간 및 기관 투자를 유도할 수 있다. 이로써 전국 단위의 대규모 시설 건립이 가능해지고, 표준화 및 서비스 질 개선이 동반될 것이며, 기술 기반의 운영 효율성 개선, 데이터 기반 수익 분석, AI 자동화가 빠르게 확산하며 운영 자동화 수준도 높아질 것이다. 궁극적으로는 향후 상장 리츠 편입, 펀드 구성 등의 금융상품화가 본격화되는 것도 기대해 볼 수 있다. 무엇보다 국민연금이라는 브랜드가 투자자 신뢰도를 한 단계 끌어올릴 것으로 기대된다.

업계 관계자들은 "이제 남은 것은 자산운용사들이 얼마나 경쟁력 있는 셀프스토리지 프로젝트를 딜소싱 해낼 수 있느냐는 현실적인 고민이 시작됐다"고 입을 모은다. 국민연금은 뉴 이코노미 자산에서 최소 8.3%의 순 내부수익률$^{Net\ IRR}$을 요구한다. 이 수익률은 셀프스토리지에 대한 과거 인식, 즉 '안정적이지만 소규모'라는 통념에 정면으로 도전하는 수치이기도 하다.

하지만 시장은 의외로 빠르게 반응하고 있다. 수도권과 주요 도시에 위치한 셀프스토리지 시설은 이미 높은 수익성을 기록하고 있으며, 점차 프랜차이즈화, 전문화, AI 기반 운영 자동화 같은 다양한 진화가 시도되고 있다.

연기금까지 나서 셀프스토리지에 투자를 결정한 이상 셀프스토리지는 '보관 창고'가 아니라 이제 하나의 금융 자산이자, 공간의 가치를 새롭게 정의하는 고유한 비즈니스 모델이 됐다. 앞으로 셀프스토리지는 부동산 업계는 물론이고 금융 시장, 기술 산업, 심지어 ESG 트렌드 안에서도 다양한 접점을 만들어낼 것이다.

이렇듯 연기금이 셀프스토리지에 투자한다는 것은 '시장의 방향을 결정하는 신호로 작용한다. 그리고 지금 그 신호가 대한민국에서도 켜진 것이다. 그 파급력은 단지 투자자들에게만 국한되지 않는다. 개발사, 운용사, 소비자까지 모두에게 새로운 기준과 기대를 부여하게 될 것이다.

도시 재생과 역세권 활성화 사업

국민연금의 투자와 함께 한국 상업용 부동산 시장에서 주의 깊게 봐야 할 사업이 서울시에서 역점을 두고 진행하고 있는 '역세권 활성화 사업'이다.

도시는 살아 있는 유기체와 같다. 끊임없이 변화하고 성장하며, 때로 쇠락의 그림자가 드리우기도 한다. 시간이 흐르고 산업 구조가 바뀌면서 한때 활기 넘치는 공간은 기능을 잃고 낙후되기 시작한다. 낡은 건물은 활력을 잃고, 거리는 사람들의 발길이 뜸해지며 슬럼화의 길을 걷기도 한다. 그러나 도시의 심장부는 쉽게 포기할 수 없는 곳이다. 도시의 지속 가능한 성장을 위해서는 낡은 공간에 새 생명을 불어

넣고 기능을 재정비하는 '도시 재생' 노력이 필수적이다.

그래서 전 세계 수많은 도시들이 지금 도시 재생에 힘을 기울이고 있다. 죽어가는 공간을 되살려 새로운 가치를 부여하고, 시민들이 함께 누릴 수 있는 활력 있는 공간으로 재탄생시키는 것, 이것이 바로 도시 재생이 지향하는 궁극적인 목표다.

도시를 재생하는 데 필요한 것은 거대한 계획보다 공간을 바라보는 새로운 방식일지도 모른다. 오래된 건물 하나, 쓰이지 않는 지하층 하나, 그 안에 들어선 셀프스토리지는 때로 도시의 변화를 실질적으로 견인한다. 보이지 않게, 그러나 분명하게 도시의 숨은 틈을 채워가는 역할이다.

이처럼 쇠락한 공간을 변모시키는 셀프스토리지의 역할은 도시 정책의 구체적인 실행 전략과 맞물릴 때 더욱 강력한 빛을 발한다. 서울시가 2019년부터 역점 사업으로 추진해온 '역세권 활성화 사업'은 이러한 가능성을 제도적으로 끌어낸 대표적인 도시 정책으로, 도시 재생의 새로운 패러다임으로 주목받고 있다 이 사업은 단순한 재개발 사업이 아니다. 낙후된 역세권 지역을 복합개발해 주거, 상업, 공공시설이 어우러진 고밀도 지역으로 바꾸려는 도시 구조 재편 전략으로, 단기적 공급 확대만이 아닌 도시 전체의 구조적 효율성을 높이고 지역 균형발전을 이루는 데 목적을 두고 있다.

그동안 역 주변임에도 불구하고 노후 건물이 방치된 지역은 개발의 사각지대였다. 은평구 불광역 주변, 노원구 미아역 주변, 동작구 보라매역 주변이 대표적이다. 서울시는 이런 공간을 단순히 허물고 새로 짓는 재개발 방식이 아닌 지역의 특성을 살린 맞춤형 '복합 개발'을 통해 활력을 불어넣겠다는 복안이다. '컴팩트 시티Compact City'라는 도시 공간 구조를 지향하며, 역세권을 중심으로 고밀도 개발을 유도해 주택 공급을 늘리고, 도로, 공원, 공공시설 등 필요한 인프라를 확충해 지역 균형 발전을 이루겠다는 야심 찬 계획이다. 서울시는 이를 위해 새로운 민간 디벨로퍼와 협력하는 '민간 제안형 복합개발' 모델을 도입했다.

도시 정책의 실증 파트너가 되다

서울시 역세권 활성화 사업의 성공적인 추진을 위한 핵심 수단은 크게 두 가지로 요약된다. 하나는 용도지역 상향 및 용적률 인센티브 부여이며, 다른 하나는 복합용도 개발 의무화다. 이 사업은 역 주변 반경

250~350m 이내의 노후도가 높고 활용이 부족한 가로구역을 대상으로 한다. 환승역이나 지역 중심지는 반경 350m, 그 외 일반 역세권은 250m 이내가 그 대상이다.

사업 방식을 간략하게 설명하면 이렇다. 서울시는 사업자에게 건물을 더 크게 지을 수 있는 '용적률 완화'라는 파격적인 인센티브를 제공한다. 기존에 5층밖에 올릴 수 없던 땅에 8~9층 건물을 지을 수 있게 해주는 것이다. 이렇게 높아진 건축 규모는 곧 사업자의 수익성 확대로 이어진다.

하지만 여기엔 조건이 있다. 이익 일부를 '공공 기여'로 환수한다. 공공 기여란 공공임대주택, 주민센터, 도서관 같은 공공시설이나 보행로, 공원 등 기반 시설을 기부채납 받아 지역 주민이 함께 혜택을 누리게 하자는 취지다. 이는 사업자와 서울시가 함께 이익을 나누고, 그 혜택을 다시 지역 사회로 환원하는 상생 구조를 만들기 위해서다.

초기에는 다소 보수적인 기준으로 시행됐던 이 사업은 2023년 이후 제도 개편을 통해 더욱 유연하고 민간 친화적으로 진화했다. 노선형 상업지역까지 대상 범위를 확대하고 공공기여 기준을 완화함으로써 민간 디벨로퍼의 참여를 적극적으로 유도하기 시작한 것이다.

이러한 방향성은 구체적인 사례를 통해 더욱 분명하게 드러난다. 대표적인 예가 바로 강남구 청담동 프리마호텔 부지다. 서울시는 2023년 사업기준 개정을 통해 역세권 활성화 대상지를 주요 간선도로변까지 확대하고, 노선형 상업지역 내 중첩된 용도지역을 하나로 통합해 고밀·복합개발을 허용했다. 프리마호텔 사례는 이 개정안이 처음으로 반영된 상징적 프로젝트다.

이 부지는 한때 프로젝트파이낸싱PF 위기로 좌초 위기에 놓였지만, 역세권 활성화 사업의 대상지로 지정된 이후 대대적인 전환점을 맞았다. 기존에는 제3종 일반주거지역과 일반상업지역이 혼재돼 있었으나, 서울시는 이 부지를 일반상업지역으로 종 상향해 개발의 문을 열었다. 특히 서울시가 요구한 관광숙박시설 비중을 50% 이상 포함한 덕분에 최대 880%라는 용적률 인센티브를 확보할 수 있었고, 이는 기존 대비 무려 500% 이상 상승한 수치다.

이곳에 들어설 지상 49층 복합건물에는 관광호텔, 오피스텔, 공동주택, 문화시설 등이 함께 조성될 예정이다. 이 과정에서 무려 1,400억 원 규모의 공공 기여가 병행돼 지역 활성화와 시민 편익 증진을 함께 도모하는 상생 구조를 갖추고 있다.

청담동 개발 사례는 서울시의 새로운 도시개발 전략이 단순한 규제 완화가 아니라 민간의 역량을 유도해 도시 전체의 수준을 끌어올릴 수 있음을 보여주는 상징적 전환점이라고 할 수 있다.

낡은 공간의 변신, 도시 혁신을 담다

청담동 외에도 2025년 7월 현재 서울시 전역에서 47곳이 대상지로 지정돼 있고, 이 중 18곳은 이미 구체적인 개발계획이 수립됐다. 이 18곳에서만 총 6,523가구의 주택이 공급될 예정인데, 이 중 분양가구가 5,520가구, 임대가구가 1,003가구에 달한다. 또한, 돌봄센터 등 36곳의 공공기여 시설이 함께 조성돼 지역 주민들의 삶의 질을 높이는 데 기여할 전망이다.

강북구 미아동의 미아역 인근 개발지는 빠르게 진척 중인 사례다. 노후 예식장이 있던 부지에 공공기여를 포함한 복합개발이 진행 중이며, 용적률을 310%에서 600%로 상향해 지하 5층~지상 24층 규모의 공동주택과 돌봄센터, 청소년문화센터를 함께 조성하고 있다. 공정률은 이미 33%를 넘었고, 착공 후 2년이 채 되지 않아 빠르게 공사가 진행되고 있다는 점에서 사업 안정성과 추진력을 모두 보여주는 사례다.

노후된 예식장 건물이 있던 미아역 주변이 역세권활성화사업으로 새롭게 거듭나고 있다.

〈출처: 서울시〉

또 다른 예는 동작구 신대방동 보라매역 인근이다. 이곳은 '보라매역 프리센트'라는 이름으로 2025년 6월 분양을 마쳤으며, 총 124가구가 지하 4층~지상 20층 규모로 들어선다. 과거 낡은 저층 건물이 밀집돼 있던 공간이 이제는 오피스텔, 상가, 주거시설이 혼합된 현대적 공간으로 탈바꿈하게 된다.

역세권활성화사업으로 용적률이 470% 증가했다.

〈출처: 서울시〉

은평구 불광역 일대도 주목할 만하다. 불광역은 3호선과 6호선이 교차하는 환승역임에도 오랫동안 노후 건물이 밀집된 지역으로 남아 있었다. 현재 이 지역은 소형 아파트, 생활형 숙박시설, 상가를 포함한 복합개발이 진행 중이며, 동시에 광장, 녹지 공간, 주민 커뮤니티 시설이 포함된 공공기여가 반영돼 지역 중심지로의 전환을 꾀하고 있다.

도시 재생의 숨겨진 열쇠, 셀프스토리지

서울시의 역세권 활성화 사업은 단순히 주택을 공급하고 인프라를 확충하는 것을 넘어, 도시의 유휴 공간에 새로운 생명력을 불어넣는 중요한 의미를 지닌다. 그런데 여기서 흥미로운 점은 셀프스토리지가 이 거대한 도시 재생 프로젝트에서 매우 중요한 역할을 할 수 있다는 점이다.

역세권 활성화 사업은 재개발까지 몇 년이 걸리는 장기 사업이다. 복잡한 인허가 절차, 지분 정리, 공공기여 협상 등으로 인해 심사 과정에만 1~2년이 소요되고, 개발에는 최소 3년, 길게는 5년 이상 걸릴 수 있다.

바로 이 시점에서 셀프스토리지는 완벽한 대안이 된다. 재개발이 시

역세권 활성화 사업 대상지 요건

도로 요건	원활한 차량 진출입이 가능한 도로로, 2면 이상 폭 4m 이상 도로에 접하면서 최소 1면 이상 폭 8m 이상 도로 연접
면적 요건	1,500㎡ ~ 10,000㎡ 이하 (위 면적 요건 외 위원회 인정 시 사업 추진 가능 / 도시정비형 재개발사업인 경우 면적 상한은 3만㎡ 이하) (「도시계획변경 사전협상 운영지침」 등에 따른 5,000㎡ 이상의 사전 협상 대상지 요건 갖춘 지역은 사업 대상지 제외)
노후도 요건	√ 지구단위계획 : 노후도 20년 이상 건축물 2/3 이상 √ 도시정비형 재개발 : 노후·불량건축물 60% 이상
정비구역 지정 요건	√ 도시정비형 재개발 : 「2030 서울특별시 도시·주거환경정비기본계획」 정비구역 지정요건 중 아래 사항 준수 - 30년 이상 경과 건축물 비율 60% 이상 - 150㎡ 미만 필지 비율 40% 이상 또는 2층 이하 건축물 비율 50% 이상 - 10년 이내 신축 건축물 비율 15% 이상 지역 제외
사업 가능 용도 지역	제2종 일반주거(7층 이하 포함), 제3종 일반주거, 준주거, 근린상업, 일반상업

〈출처 : 서울시〉

작되기 전까지 방치될 수 있는 건물에 셀프스토리지를 운용한다면, 해당 부지는 개발 전까지 안정적인 수익원을 창출할 수 있게 된다. 이는 사업 시행자에게는 유휴 자산에서 발생하는 손실을 최소화하고, 초기 투자 부담을 줄이는 효과적인 대안이 될 수 있다. 게다가 아이엠박스처럼 깔끔하고 세련된 디자인의 간판과 시설이 건물에 들어서면 건물을 더욱 돋보이게 해 가치 하락도 방지할 수 있다. 일종의 '프리재생' 단계에서 공간의 효율을 최대화하는 전략의 도구가 된다.

셀프스토리지는 '기다림의 경제학'을 다룰 수 있는 몇 안 되는 비즈니스 중 하나다. 도시 정책은 늘 시간이 필요하다. 사업성은 크지만 허가가 나기까지 몇 년을 기다려야 하는 사업, 그런 시간의 공백 속에서 셀프스토리지는 단순히 공간을 채우는 게 아니라 시간을 활용하는 수단이 된다.

아이엠박스는 이러한 가능성에 주목해 이미 구체적인 비즈니스 모델을 구상 중이다. 펀드를 조성해 역세권 활성화 사업의 대상이 될 수 있는 요건을 갖춘 지역의 노후 건물을 매입해 선정 전까지 셀프스토리지를 운영해 안정적인 수익을 창출하는 모델이다. 이는 단기 수익과 장기적인 자산 가치 상승을 동시에 노릴 수 있는 모델이 될 수 있다. 더블 역세권 지역이나 주요 투자사가 공유주택 사업을 위해 매입한 자산 주변의 상업 용지에 접해 있는 노후 건물이 주요 매입 대상이다. 2026년 상반기까지 3,000억 원의 펀딩을 목표로 할 만큼 이 새로운 사업 모델에 대한 확신이 크다. 이를 위해 현재 자산운용사와 물밑 협상을 진행 중이다.

앞으로 셀프스토리지는 서울뿐만 아니라 전국 주요 도시의 노후 역세권, 저활용 도심, 슬럼화 우려 지역에서 실용적 도시재생 도구로 작동할 가능성이 높다. 도시를 혁신하는 데 있어 꼭 거창한 이름이 필요한 건 아니다. 보이지 않는 작은 공간들이야말로 도시의 새로운 미래를 담을 그릇이 되기 때문이다.

셀프스토리지가 단순한 창고 서비스업을 넘어 상업용 부동산 시장의 중요한 투자 섹터로 전면에 등장한 가운데, 2026년은 아이엠박스가 셀프스토리지 기반의 자산관리 기업Self-storage based Asset Management Company으로 한 단계 도약하는 원년이 될 전망이다. 3,000억 원을 시작으로 매년 자산 매입을 2배로 늘려 2028년에는 회사 가치 1조 원을 달성하는 것이 단기적인 목표다.

여기서 더 나아가 AI와 빅데이터, 기술을 활용해 사회 문제로 발전하고 있는 도심 공실 문제를 해결하고, 도심권 거주민들의 삶의 질 향상에 기여하는 종합 부동산 회사로 발돋움하고자 한다.

침묵의 시장에 다가오는 자본

2024년 늦가을 회사 대표 메일로 한 통의 영문 이메일이 도착했다. 처음엔 내 눈을 의심했다. 전 세계에서 수백조 원 대의 자금을 운용하는 일본계 초대형 자산운용사 A사로부터 온 것이었다. 메일의 내용은 간결했다. 한국 셀프스토리지 시장에 깊은 관심을 갖고 있으며, 특히 아이엠박스를 주의 깊게 지켜보고 있다는 내용이었다. 직접 만나보고 싶다는 요청도 덧붙여 있었다.

솔직히 말해 처음엔 반신반의했다. 그 무렵 한국의 셀프스토리지 시장은 이제 막 싹을 틔우기 시작한 단계였고, 세계는커녕 아시아 시장 전체로 보더라도 여전히 존재감이 미미한, 말 그대로 변두리에 가까운 시장이었다.

그리고 얼마 뒤 나는 A사의 회의실에 앉아 있었다. 회의에 참석한 A사의 임원 6명과 2시간 넘게 이어진 대화에서 그들은 우리의 운영 모델, 고객 구조, 월별 수익 흐름까지 꼼꼼히 파고들었다.

나중에서야 알게 됐지만, A사는 이미 일본 시장에서 셀프스토리지 기업에 투자해 큰 수익을 낸 경험이 있었다. 그들이 다음 투자처로 한국을 점찍었다는 사실은 내게는 거의 충격에 가까웠다. 나중에 그날 회의실에서 있었던 질문들을 하나하나 되짚어보고 나서야 나는 그들의 관심이 단순히 한 기업에 대한 호기심이 아님을 깨달았다. 고객 유지율, 평균 임대 기간, 공실률, 단위당 운영비용, 입지별 수익 차이, 확장 전략에 이르기까지, 셀프스토리지라는 업태 자체가 한국 시장에서 어떤 궤도를 그리고 있는지를 면밀하게 탐색했다. 명백히 자산 검토의 언어였고, 나는 그 순간 깨달았다. 이제 이 시장은 더 이상 '남들이 모르는 기회'가 아니라는 사실을. 셀프스토리지를 둘러싼 글로벌 투자 물결이 이제 대한민국의 문을 두드리고 있다는, 작지만 분명한 신호였다.

빗장을 열기 시작한 자본들

투자사의 관심은 그 자체로 의미심장한 신호다. 부동산 투자 업계에서 대규모 자금은 절대 즉흥적으로 움직이지 않는다. 수익성뿐 아니라 시장 구조, 정책 환경, 회수 가능성, 장기 수요까지 정밀하게 검토한 뒤에야 비로소 발을 들인다.

자산운용사 입장에서 투자를 결정할 때 가장 중요한 것은 바로 시장의 규모다. 이들은 LP(Limited Partners, 주로 공제회나 연기금처럼 막대한 자금을 맡기는 기관들) 기금으로부터 자금을 받아 투자한 후 거기서 발생한 수익을 통해 돈을 버는 구조다. 그러다 보니 투자금액의 규모가 커야 한다. 1,000억 원을 운용해도 10% 이상의 수익을 내기 어렵고, 그 수익 중 일부만을 가져가기 때문에 적어도 수천억 원 이상의 자금 운용이 가능해야 한다. 자산의 수익률 또한 다른 부동산 섹터보다 매력적이어야 한다. 그런 자본이 움직였다는 것은 한국 셀프스토리지가 단순한 틈새시장이 아니라 본격적으로 투자 가능한 '자산'으로서의 지위를 얻기 시작했다는 뜻이다.

아쉽게도 첫 방문에서 가시적인 성과가 나오진 않았다. 당시 한국 셀프스토리지 시장의 규모는 고작 1,000억 원 정도였다. 이 숫자는 대형 펀드가 움직이기에는 턱없이 작았다. 결국 아이엠박스와 한국 시장 모두 아직은 대규모 투자를 받을 준비가 되어 있지 않다는 현실을 절감할 수밖에 없었다. 하지만 반대로 생각하면, 자본이 먼저 다가왔다는 사실은 이미 시장이 움직이고 있다는 증거였다. 외부의 시각에서도 한국은 충분히 주목할 만한 '다음 시장'이 된 것이다.

거대한 자본은 언제나 '조용한 기회'를 노린다. 모두가 떠들썩하게 환호하는 시장보다 아직 그 잠재력이 충분히 드러나지 않은 곳에 먼저 깃발을 꽂고 싶어 한다. 바로 지금, 한국의 셀프스토리지 시장이 그런 '침묵의 기회'로 부상하고 있다.

사실 한국에서 셀프스토리지가 자본과 첫 교류를 시작한 시점은 훨씬 이전이다. 2019년과 2022년에 벤처캐피탈VC들이 셀프스토리지 스타트업에 투자를 단행하면서 이 산업의 미래에 대한 가능성에 먼저 반응했다. 카카오벤처스는 '미니창고 다락'에, NHN인베스트먼트는 '큐스토리'를 운영하는 큐비즈코리아에 40억 원을 투자했다. 각각 IT 플랫폼과 공간 비즈니스를 융합하려는 전략이었다.

외부의 탐색과 스타트업의 성장기를 지나 본격적인 기관 자본의 투자는 2022년으로 거슬러 올라간다. 이미 2010년대 중반부터 한국 시장을 주시하며 대규모 투자를 이어온 세계적인 사모펀드 워버그핑크스는 이 해에 국내 최초로 셀프스토리지 전용 건물을 올렸다. 서울 강동구 고덕동에 위치한 이 건물은 당초 4층짜리 건물이었지만, 144억 원에 매입된 후 7층 규모의 셀프스토리지 전용 빌딩으로 재구성됐다. 지하철 8호선 연장선 암사공원역이 인근에 개통되면서 이 부지는 단숨에 초역세권 입지를 갖추게 됐고, 이로 인한 자산가치 상승은 투자자에게 추가 수익을 안겨주었다.

이 사례는 셀프스토리지가 단순 임대 수익 이상의 부동산 전략이 될 수 있음을 보여주었다. 입지 선정, 개발 방식, 수익 모델까지 종합적으로 검토된 셀프스토리지 투자였으며, 이는 이후 국내 부동산 업계에서 회자되는 상징적인 사건으로 남았다.

마침내, 문턱을 넘을 준비

하지만 이러한 초기 투자에도 불구하고 한국 셀프스토리지 시장은 생각만큼 빠르게 활짝 열리지 않았다. 아이엠박스 역시 이 시기에 고민이 많았다. 외부 투자 없이 사업을 시작하고 운영해오면서 시장이 기대만큼 빠르게 성장하지 않는다는 현실에 부딪혀 위기를 맞기도 했다. 투자를 받지 않은 상태로 사업을 확장하는 데는 분명 한계가 있었다.

그러나 지금으로선 당시 투자를 받지 않고 내실을 다져온 것이 오히려 장점으로 작용하고 있다. 확장의 속도는 느릴 수밖에 없었지만, 그만큼 자산과 브랜드에 대한 통제력은 강해졌다. 투자자의 눈치를 보지 않고 다양한 실험을 거듭하며 한국 시장에 최적화된 비즈니스 모델도 만들어냈다. 그리고 시장이 빠르게 열리기 시작한 지금 아이엠박스는 외부 자본에 흔들리지 않으며 펀드 조성을 통해 자산을 매입하고 규모를 키워나갈 채비를 마쳤다. 이는 단순히 투자 유치가 아닌 투자 전략의 주체로 전환한 셈이다.

그리고 지금, 장기적으로 펀드를 조성해 자산을 매입하고 규모를 늘려나갈 수 있는 시점에 도달했다는 결론에 이르렀다. 앞으로 아이엠박스는 최대한 지분의 가치가 훼손되지 않는 범위 내에서 펀드를 조성해 셀프스토리지의 확장성을 실현하고, 궁극적으로는 펀드를 통해 조성한 자금으로 건물을 매입해 지점을 더 늘려나갈 계획이다. 이는 한국 셀프스토리지 시장이 점차 기관 투자자들의 입맛에 맞는 '상품'으로 진화해야 한다는 메시지이기도 하다.

이제 한국의 셀프스토리지 시장은 단순한 부동산 수익모델을 넘어 도시 콘텐츠의 일종으로 자리매김하고 있다. 동대문구 용두동 경동시장 인근 건물의 한 사례는 이를 잘 보여준다. 노후 건물로 방치되던 해당 건물은 건물주가 외벽만 간단히 리모델링한 후 1층에 아이엠박스 매장을 입점시켰다. 이 매장은 단순히 임차료를 내는 공간이 아니라 유동 인구와 인지도를 견인하는 도심 앵커Anchor 역할을 하고 있다. 셀프스토리지가 입점하면서 건물의 이미지가 바뀌었고, 주변 임대료까지 상승했다. 이는 셀프스토리지가 도심 노후 건물의 재생 전략으로도 작용할 수 있음을 시사한다. 공실 해소, 임대가치 상승, 투자 다변화, 이 세 가지를 동시에 충족할 수 있는 몇 안 되는 콘텐츠 중 하나가 바로 셀프스토리지다.

앞으로 한국 셀프스토리지는 다음과 같은 급격한 변화를 맞이할 것으로 예상된다.

첫째, 시장 통합 및 대형화의 가속화이다. 소규모 파편화된 시장은 점차 아이엠박스나 다른 대형 플레이어들의 펀드 조성을 통한 자산 매입, 혹은 글로벌 자본의 유입으로 통합되고 대형화될 것이다. 이는 서비스 표준화를 이끌고 시장의 전반적인 질을 높이는 데 기여할 것이다.

둘째. 기술 도입으로 인한 스마트화다. 모바일 앱을 통한 간편한 계약 및 결제, 스마트 출입 시스템, 로봇 물류 자동화 등 첨단 기술이 접목된 스마트 스토리지의 도입이 가속화될 것이다. 이는 운영 효율성을 극대화하고 고객 경험을 향상시킬 것이다.

셋째, 프리미엄화와 특화 서비스 확대다. 와인 보관, 미술품 보관, 중요 문서 보관, 혹은 특정 취미 용품 보관 등 고객 맞춤형 프리미엄 서비스가 다양하게 등장하며 시장의 스펙트럼을 넓힐 것이다.

마지막으로, 리츠 시장으로의 진입이다. 시장 규모가 커지고 자산이 통합되면서 미국이나 싱가포르처럼 셀프스토리지 전문 리츠가 상장되어 일반 투자자들도 쉽게 접근할 수 있는 투자 상품으로 자리매김할 가능성이 높다. 워버그핑크스의 성공 사례는 이러한 미래를 더욱 가시화하고 있다.

한국 셀프스토리지 시장은 거대한 자본의 노크와 함께 한국의 독특한 사회적, 경제적 환경에 맞춰 혁신적인 방식으로 진화하며 아시아 셀프스토리지 시장의 새로운 선두 주자로 도약할 준비를 마쳤다. 이 침묵을 깨고 다가오는 자본의 물결이 한국 셀프스토리지 시장에 어떤 황금알을 안겨줄지 주목할 때다.

남은 과제는 명확하다. 이 자본의 물결을 받아낼 제도적 인프라와 함께 시장을 한 단계 끌어올릴 수 있는 기업의 전략적 실행력이다.

EPILOGUE

새로운 기회와 성장 궤도의 앞에서

아이엠박스가 셀프스토리지 시장에 첫발을 내디딘 지 어느덧 10년이 흘렀다. 창업 당시만 해도 이 시장의 문은 단단히 닫혀 있었다. 수요가 있을지, 사업이 가능할지, 심지어 이 개념이 사회에 받아들여질지 모든 게 불투명했다. 사람들은 "짐을 맡기고 돈을 내는 서비스가 과연 가능할까?"라는 질문부터 던졌다. 그러나 긴 시간 동안 두드리면 결국 문은 열리는 법이다. 마침내 오래 잠겨 있던 문이 조금씩 열리기 시작했다.

그 과정에서 문득 떠오른 것은, 초기에 비웃음과 회의 속에서 출발했지만 결국 세상을 바꾼 다른 산업들의 여정이었다. 세상에는 10년이 지나서야 비로소 가치를 인정받은 산업이 적지 않다. 태양광 산업이 그랬다. 태양광이라는 개념이 처음 등장했을 때 사람들은 "햇빛은 간헐적이라 믿을 수 없다", "전력망 안정성을 위협한다"는 이유로 고개를 저었다. 한때는 비싸고 비효율적이라는 이유로 외면받았던 태양광은 기술 혁신과 정책의 뒷받침 속에 이제는 재생에너지의 상징이 됐다. 공유 오피스도 마찬가지다. 초기엔 "소음이 많아 집중이 어렵다" "개방형 공간은 오래가지 못할 것"이라는 비판을 받았다. 시대를 앞서간다는 이유로 외로웠던 초창기와 달리 지금 공유 오피스는 도시의 빈 건물을 새로운 일터로 되살리는 주인공이 됐다. 현재 글로벌 코워킹 시장은 2024년 220억 달러에서 2034년 820억 달러로 4배 가까이 성장할 것으로 예측된다.

이들의 성장 뒤에는 단순한 기술 혁신 이상의 힘이 있었다. 태양광은 기후 위기와 에너지 전환이라는 인류적 과제에 응답했고, 공유 오피스는 변화하는 노동 환경과 유연한 공간 수요라는 시대적 흐름과 맞물렸다. 사회가 필요로 하는 본질적인 문제를 해결했기에 초기에 맞닥뜨린 회의와 비웃음을 결국 돌파할 수 있었다.

나는 셀프스토리지가 바로 그런 산업이라고 믿는다. 도시의 공간 부족, 유연한 자산 활용, 상업용 부동산 공실 문제, 나아가 도시 재생까지. 그 흐름 속에서 셀프스토리지는 조용하지만 단단하게 뿌리를 내려왔다. 누군가는 그저 창고라 부를지 모르지만, 우리에게 셀프스토리지는 사람과 도시를 이어주는 '공간의 심장'이다.

어쩌면 지금이 진짜 시작일지도

'10년의 세월을 어떻게 버틸 수 있었을까?'

이 질문은 나를 첫 창업을 준비하던 때로 데려간다. 코이카 봉사 시절 나는 막연하지만 진심 어린 다짐을 품었다. 어떤 형태로든 사회에 기여하는 일을 하겠다고. 그 다짐은 창업 과정의 수많은 불확실성과 의심을 견디게 하는 뿌리가 되었다.

돌이켜보면, 셀프스토리지라는 업의 본질이 지난 10년간 나를 지탱했다. 이 사업이 개인의 공간 부족 문제를 해결할 수 있다는 믿음이 시작이었다. 하지만 막상 현장에서 부딪혀 보니 그 역할은 훨씬 넓고 깊었다. 도심 외곽의 방치된 창고가 셀프스토리지로 변모하며 다시 임대수익을 창출하는 순간, 임대인들의 표정이 환하게 바뀌었다. 폐허처럼 버려진 건물이 리모델링을 거쳐 깔끔한 셀프스토리지 센터로 바뀌었을 때 그곳은 단순히 수익을 내는 공간이 아니라 동네 주민들의 발길이 다시 머무는 '동네의 거점'이 됐다. 이것이야말로 셀프스토리지가 가진 진정한 힘이다.

혁신의 아이콘 스티브 잡스는 이렇게 말했다.

"끝내주는 느낌입니다. 무언가를 할 수 있다는 것과 그것이 가능하다는 것. 당신이 세상에 무언가를 심으면 그것이 자라게 되며, 세상의 일부를 바꾼다는 것 말입니다."

나는 확신한다. 지금부터가 진짜 시작이라고.

물론 우리는 여전히 배워야 하고, 더 좋은 해답을 찾아야 하며, 더 많은 사람과 이 가치를 나눠야 한다. 앞으로 아이엠박스는 시장과 호흡하며, 모든 주체에게 이익이 돌아가는 사업을 통해 사회에 기여할 것이다. 버려진 공간이 다시 살아나고, 사람들이 더 나은 삶을 누리는 장면을 만드는 것, 그것이 우리의 사명이다. 그리고 그 사명은 아직 완성되지 않았다. 우리는 다음 10년을 향해 또다시 문을 두드릴 것이고, 언젠가 오늘의 걸음마가 미래의 기준이 될 것이다.

참고문헌

프롤로그

- 국토교통부, 〈2023년 주거실태조사〉, 2024
- 국가통계포털, 2025. 7. 29 접속
- Mordor Intelligence. 〈United States Self-Storage Market Report | Industry Growth, Size & Forecast Analysis, 2030.〉, 2025.

CHAPTER 1 진화하는 창고

- Mohan Mirela. 〈Self Storage Cool Facts: History, Cost and More〉, RentCafe, 2023, 2, 13
- Cubix Storage. 〈History of Self Storage〉. 발행일 미상
- Schow Casey. 〈The History of Self Storage: From China to Omaha〉, Neighbor Storage Blog, 2024. 1. 29
- https://boxbee.com/self-storage-statistics/?utm_source=chatgpt.com, 2025. 7. 4. 접속
- Colbeck. 〈Self-Storage: An American Pastime〉. Medium, 2023. 5. 24
- Gardner Colton. 〈Self Storage Industry Statistics(2024)〉, Neighbor Storage Blog, 2024. 10. 22.
- Lee, Ken. 〈Judge Shuts Down Paris Hilton Web Site〉, People.com, 2007. 2. 3
- Brenner Lisa. 〈Nic Cage's Rare, Stolen $1M Superman Comic Found In Valley Storage Locker〉, LAist, 2011. 4. 10
- Keyser Hannah. 〈5 Of The Most Amazing Items Ringo Starr Put Up For Auction〉, Mental Floss, 2015. 9. 16

- CBRE, 〈European Self-Storage Industry Report〉, 2023
- Exactitude Consultancy, 〈Self-storage Market〉, 2022
- Grand View Research, 〈Japan Self-Storage Market Outlook 2024-2030〉, 2024
- NAREIT, 〈Sector Results: Storage and Residential REITs Lead〉, 2024
- NAREIT, 〈Annual Index Values & Returns〉, 2024
- JLL Korea, 〈Reinterpretation of Space: Self-storage〉, 2023. 6
- Mordor Intelligence, 〈South Korea Self-Storage Market Size, Trends, Growth & Outlook, 2030〉, 2025

CHAPTER 2 상업용 부동산 新트렌드

- 유현준, 《공간의 미래》, 을유문화사, 2021
- 통계청, 〈2023 인구주택총조사〉, 2024
- 국토교통부, 〈2021 주거실태조사〉, 2022
- 국세통계포털, 〈폐업자 현황〉, 2025
- JLL Korea, 〈공간의 재해석: 셀프스토리지〉, 2023. 6
- JLL Korea, 〈국내 셀프스토리지 시장 2024〉, 2024. 6
- Forbes, 〈A Look At Self-Storage Growth Trends Now And Post-Pandemic〉, 2020. 12. 1.

CHAPTER 3 한국 시장의 기회와 과제

- 매일일보, 〈홍우태 세컨신드롬 대표 "공간의 아웃소싱 '미니창고 다락'"〉, 2025. 2. 19
- 이데일리, 〈'다락 100호점 돌파' 홍우태 대표 "30년 앞선 일에 역수출"〉, 2024. 6. 24
- 매경이코노미, 〈'와인 마니아' 남편 얼굴이 밝아졌다〉, 2025. 8. 1
- Lawrence Lessig, 《Free Culture: The Nature and Future of Creativity》, New York: The Penguin Press, 2004.
- APG, 〈APG in joint venture to build dominant self-storage platform in Asia〉,

2020. 11. 12.
- StockTitan. 〈Nuveen Real Estate Announces $150 Million Allocation From CalSTRS to Co-Invest in Asia Pacific Self-Storage〉, 2024. 7. 26.
- Vrablic Steven. 〈PropTech Revolutionizing Self-Storage Acquisitions and Operations.〉, Global Real Capital, 2025. 4. 1.

CHAPTER 4 셀프스토리지와 자산의 미래

- Motley Fool. 〈3 Types of REITs That Have Outperformed the S&P 500〉. 2024. 3. 30
- Public Storage. 〈Public Storage Reports Results for the Three and Six Months Ended〉, 2020. 6. 30
- Public Storage. (2021). 〈Public Storage Reports Results for the Fourth Quarter and Year Ended〉, 2020. 12. 31
- Self Storage Association. 〈Self Storage Industry Fact Sheet. Retrieved from SSA archive〉, 2015. 7
- RentCafe. 〈The 100 largest self storage companies in the U.S. Yardi Systems〉, 2025. 2. 3
- Towards Packaging. 《Self-storage Market Leads USD 59.34 at 5.95% CAGR》. 2025. 7. 15
- 이지스자산운용 대체증권투자파트. 〈'28년 복리로 57배' 놀라운 셀프스토리지 리츠〉. 언폴드, 2023. 10. 23
- StorHub Management Pte. Ltd. 〈Warburg Pincus-Backed StorHub Completes Acquisition of Storage PLUS in Japan〉. PR Newswire, 2023. 9. 11
- CapitaLand Group, 〈CapitaLand Investment-Managed Extra Space Asia Enters Into a Strategic Alliance With Japan's Largest Indoor Self-Storage Manager to accelerate growth, 2024. 12. 5
- Quraz. 〈Evergreen Acquires Quraz, Japan's Largest Self Storage Company〉, 2013. 9. 25

- Modor Intelligence, 〈APAC Self Storage Market Size & Share Analysis - Growth Trends & Forecasts (2025-2030)〉, 2025
- Re-Port.net. 〈25年のトランクルーム市場は850億円規模に〉. 2025. 6. 17
- Grand View Research, 〈Japan Self-storage Market Size & Outlook, 2024-2030〉, 2025
- Verified Market Research. 〈Hong Kong Self Storage Market Size, Share, Trends & Forecast〉. 2023
- Spherical Insights, 〈Singapore Self Storage Market Insights Forecasts to 2033〉, 2024. 10
- Data Insights Market. 〈Singapore self-storage industry〉, 2025. 6. 21
- Verified Market Research. 〈Singapore Self-Storage Market Size and Forecasts〉, 2024
- Mingtiandi, 〈Blackstone and Storefriendly acquire Hong Kong self-storage building. Retrieved〉, 2023. 12. 10
- Inside Self-Storage. 〈Hong Kong Self-Storage Fire Leads to Tighter Industry Regulations, Consolidation.〉, 2016. 7. 6
- Legislative Council Secretariat, Research Office. 〈Essentials: Regulation on Minimum Home Size in London. Legislative Council of the Hong Kong Special Administrative Region〉, 2022.

에필로그

- Archie. 〈The Latest Coworking Statistics & Industry Trends [2025]〉, 2025

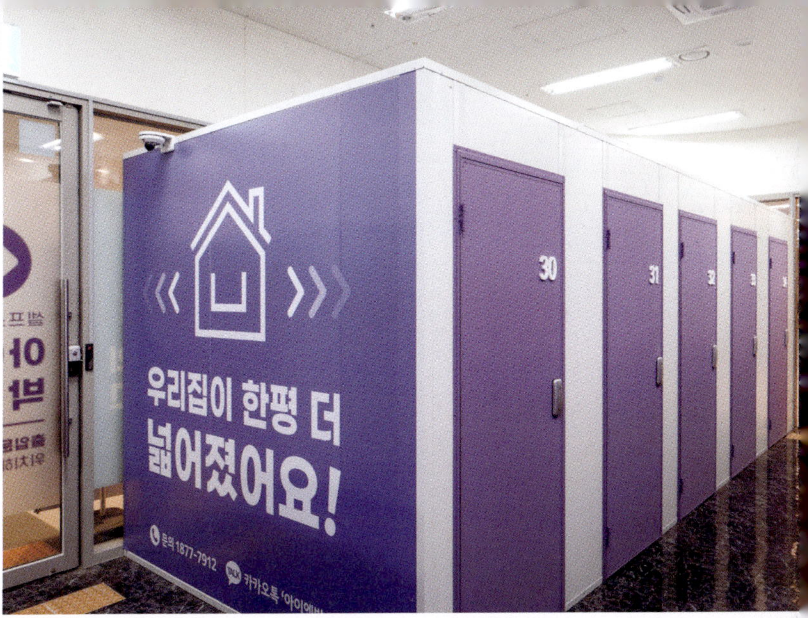
30
31
우리집이 한평 더
넓어졌어요!
문의 1877-7912

27

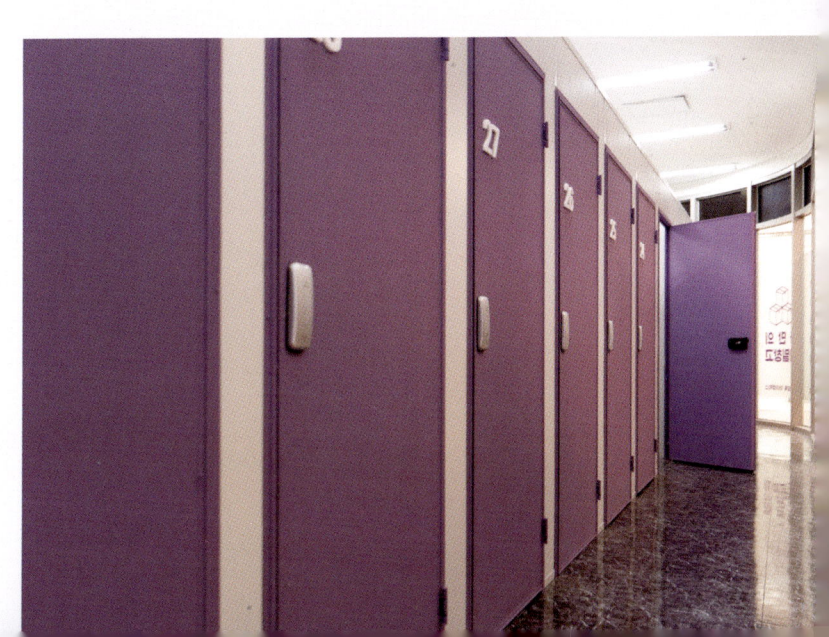

우리집이
넓어졌어
문의 1877-7912